AF223932

VIOLLET-LE-DUC

LES
ÉGLISES DE PARIS

LE PANTHÉON

PAR

E. QUINET

PARIS

C. MARPON ET E. FLAMMARION

ÉDITEURS

26, RUE RACINE, PRÈS L'ODÉON.

ÉGLISES DE PARIS

LE PANTHÉON

NOTRE DAME

VIOLLET-LE-DUC

LES
ÉGLISES DE PARIS

LE PANTHÉON

PAR

E. QUINET

PARIS

C. MARPON ET E. FLAMMARION

ÉDITEURS

26, RUE RACINE, PRÈS L'ODÉON.

1883

Tous droits réservés.

Il a été tiré de cet ouvrage 50 exemplaires sur papier
de Hollande, tous numérotés.

LES

ÉGLISES DE PARIS

NOTRE-DAME

L'ÉGLISE cathédrale de Paris est comme les héros, elle a deux histoires, l'une légendaire, l'autre réelle, et comme toujours aussi, la légende est au-dessous de la réalité. Si l'on s'en rapportait aux auteurs les plus anciens qui ont écrit sur Notre-Dame de Paris, le monument que nous voyons aurait été commencé, tout au moins, du temps de Charlemagne, et n'aurait été achevé que

1

sous Philippe le Bel. Il n'aurait pas fallu moins de six siècles environ pour accumuler ces stratifications de pierres. De s'enquérir comment un plan, dressé sous Hercandus, quarante-deuxième évêque de Paris, aurait pu être suivi à travers les siècles et dans un pays aussi prompt aux changements que le nôtre, on ne s'en souciait guère. Cependant, le R. P. Du Breul, qui écrivait en 1612, ne laisse pas que d'élever un doute à l'endroit de cette prodigieuse lenteur, et incline à penser que l'évêque Maurice de Sully « l'a possible recommencé du tout ». Et, en effet, sur la tombe du digne prélat, placée jadis au milieu du chœur de l'église des religieux de Saint-Victor, on lisait : « *Hic jacet R. P. Mauricius, episcopus Parisiensis, qui primus magnam basilicam Sanctæ Mariæ Virginis incohavit. Obiit anno D.* 1196, 3 *idus septembris* ». Il n'y avait donc point à s'y tromper, Maurice de Sully avait bien *commencé* ou recommencé, si l'on veut, la cathédrale de

Paris. La légende dit encore que l'église est fondée sur pilotis. Corrozet, du Breul, et tant d'autres qui ont copié sans scrupule ces deux auteurs, ont répété cette fable. J'ai même, dans ma jeunesse, entendu un bonhomme prétendre qu'un *vieillard*, de lui connu, s'était promené en bateau, disait-il, entre les pilotis de la cathédrale. Le fait est que les fouilles n'ont montré nulle part l'apparence d'un pilotage, mais bien de belles et hautes assises de pierres, parfaitement taillées, posées sur le sable de la Seine. La légende veut aussi que les vingt-huit statues colossales qui garnissent la galerie inférieure du portail occidental représentent les rois de France jusqu'à Philippe Auguste, tandis que ces statues sont celles de rois de Juda, considérés comme les ancêtres de la Vierge, l'église cathédrale étant placée sous le vocable de la mère du Sauveur. Mais la légende dit encore bien d'autres choses.

Avant Maurice de Sully, deux églises couvraient à peu près l'espace occupé par la cathédrale actuelle, l'une sous le vocable de saint Étienne, qui était la plus ancienne, l'autre dédiée à la Vierge Marie. L'archidiacre Étienne de Garlande, qui mourut en 1142, fit faire des réparations importantes à l'église Sainte-Marie. De ces travaux, il nous reste les beaux bas-reliefs du tympan de la porte Sainte-Anne et quelques voussures, replacés au commencement du XIIIe siècle, lorsqu'on éleva la façade que nous voyons. C'était une habitude assez ordinaire, lorsqu'on reconstruisit à cette époque les grandes cathédrales, de conserver des parties ou des fragments des monuments antérieurs. Le même fait se présente à Chartres, à Bourges, à Rouen.

Si l'on tient compte des difficultés que présentait au XIIe siècle l'érection d'un vaste édifice dans la Cité, alors populeuse, encombrée de palais, d'églises et de maisons, à cette époque où l'on ne possédait que peu

de moyens de transport, où les engins faisaient défaut, on peut s'émerveiller de l'activité des constructeurs de Notre-Dame. Commencée en 1163, en 1182 le maître-autel était
consacré; en 1196, Maurice de Sully, en
mourant, laissait 5,000 livres pour couvrir
en plomb la toiture de la partie orientale.
Alors le chœur était achevé jusqu'au transsept, la nef était fondée. Continués sous
l'épiscopat d'Eudes de Sully et sous celui de
Pierre de Nemours, les travaux, à la mort
de Philippe Auguste, en 1223, étaient presque achevés, l'église était entièrement voûtée et la partie supérieure du portail seule
restait à terminer. L'œuvre, interrompue
pendant quelques années, reprise en 1230,
fut complétée vers 1235, sauf les flèches en
pierre, qui devaient couronner les deux tours
et dont les amorces restent en attente depuis
cette époque. Mais le colosse, achevé, subit
bientôt des modifications notables. Il faut
savoir qu'à la fin du XIIe siècle et au com-

mencement du XIIIe, les cathédrales que l'on reconstruisit dans les provinces du nord de la France, avec une prodigieuse ardeur, n'étaient pas seulement des édifices religieux. Les ordres monastiques bénédictins, sapés par saint Bernard, penchaient vers leur déclin. Les communes déjà riches secouaient le joug féodal et s'insurgeaient. Les évêques, dont le pouvoir diocésain, si puissant sous les Mérovingiens et les premiers Carlovingiens, avait été singulièrement amoindri par les établissements monastiques de Cluny, cherchaient à ressaisir ce pouvoir dans toute son étendue ; ils comprirent bientôt l'avantage qu'ils pouvaient tirer des tentatives d'affranchissement des communes, et offrirent à celles-ci d'élever dans les villes épiscopales un *monument*, qui fût à la fois civil et religieux, refuge de la cité, dans lequel pourraient se rassembler les citoyens, sous la protection épiscopale, fût-ce même pour discuter les

affaires de la commune. S'appuyant sur un
raisonnement médiocre, mais qui eut un
plein succès, l'épiscopat prétendait « que
l'Église, en vertu du pouvoir que Dieu lui a
donné, devait prendre connaissance de tout
ce qui est péché, afin de savoir s'il convient
de remettre ou de retenir, de lier ou de
délier. Dès lors, comme tout procès résulte
d'un crime, d'un délit ou d'une fraude, le
clergé soutenait avoir le droit de juger toutes
les causes, affaires réelles, personnelles ou
mixtes, causes féodales ou criminelles (1) ».
Le peuple ne voyait pas d'un mauvais œil ces
empiétements sur le pouvoir féodal laïque;
il trouvait dans les cours ecclésiastiques une
manière de procéder moins barbare que celle
dont on faisait usage dans les justices seigneuriales. Le combat n'y avait jamais été
admis; l'appel y était reçu; on y suivait le
droit canonique, qui se rapproche, à beau-

(1) Beugnot, *Institut. de saint Louis.*

coup d'égards, du droit romain ; en un mot, toutes les garanties légales que refusaient les tribunaux des seigneurs, on était certain de les obtenir dans ces cours ecclésiastiques. C'est alors que, soutenus par le pouvoir monarchique déjà puissant et qui ne voyait pas sans une secrète satisfaction l'abaissement de la puissance indépendante des ordres religieux et les empiétements sur la juridiction féodale, forts des sympathies des riches populations urbaines, qui se précipitaient vers toutes les issues ouvertes sur les voies de l'affranchissement, les évêques songèrent à doter leurs villes épiscopales d'un monument fait sur un nouveau programme. Ils trouvèrent rapidement des sommes considérables, et jetant bas les vieilles cathédrales, ils commencèrent ces monuments immenses, destinés à réunir autour de la *cathedra*, de la chaire épiscopale, les populations désireuses de trouver un centre pour leurs assemblées. Cela se passait à la fin du règne de Louis le Jeune et sous Philippe Auguste. C'est, en effet, sous le règne. de ces princes que nous voyons commencer et élever rapidement les grandes cathédrales de Soissons, de Paris, de Laon, de Chartres, de Reims, d'Amiens, de Rouen, de Senlis, de Meaux, de Bourges. Ce n'est plus dans les couvents que les évêques vont demander des architectes; ils les prennent dans la population laïque. L'élan fut prodigieux. L'argent abondait, et ces grandes églises s'élevaient comme par enchantement. Mais l'alliance du haut clergé avec la monarchie, l'influence qu'il prenait dans les cités épiscopales ne tarda pas à inquiéter les barons. Saint Louis reconnut bientôt que, pour échapper aux dangers que les prétentions de la féodalité laïque faisaient courir sans cesse au pouvoir royal, le suzerain aurait affaire à d'autres maîtres et qu'il tomberait bientôt aux mains d'une oligarchie cléricale soumise à Rome. D'un autre côté, les bourgeois des

villes ne trouvaient pas dans les cours épiscopales les garanties sur lesquelles ils comptaient, et les excommunications, se mêlant
aux procédures, causaient des troubles notables dans les familles et les cités. En 1235,
la noblesse de France et le roi s'assem-
blèrent à Saint-Denis pour mettre des bornes
à la puissance que les tribunaux ecclésiastiques s'arrogeaient. Il fut arrêté d'un com-
mun accord : 1° que leurs vassaux ne seraient
point obligés de répondre en matière civile
ni aux ecclésiastiques ni à leurs vassaux,
devant le tribunal ecclésiastique ; 2° que si
le juge ecclésiastique les excommuniait pour
ce sujet, il serait obligé de lever l'excommunication par la saisie de son temporel ou
de celui qui aurait poursuivi la sentence ;
3° que les ecclésiastiques et leurs vassaux
seraient contraints de répondre devant les
laïques dans toutes les causes civiles de leurs
fiefs, mais non de leurs personnes (1).

(1) Le Nain de Tillemont.

Au mois de novembre 1246, après que les
prétentions des évêques de France, soutenus
par les papes, malgré les décisions du roi et
des barons, eurent causé des troubles sérieux
dans plusieurs villes du royaume, la noblesse
rédigea un acte d'union, par lequel elle
s'engageait à maintenir ses droits contre le
clergé, sans se mettre en peine des excommunications (1). Les délégués de cette assemblée furent le duc de Bourgogne, le comte
Pierre de Bretagne, le comte d'Angoulême,
fils aîné du comte de la Marche, et le comte
de Saint-Paul. L'acte de délégation, rédigé
en latin et en français, témoignait ouverte-
ment que le désir des barons était de réduire
les ecclésiastiques à l'état de pauvreté de la
primitive Église. « Il est dit en somme que
ces seigneurs ligués étaient tous les grands
du royaume, et on en parle comme d'une
conspiration générale de la France appau-
vrie par la cour de Rome... » On remarque

(1) Matth. Paris.

que saint Louis favorisa cette ligue et en fit
sceller l'acte de son sceau. On ajoute même
que, suivant l'avis de son conseil, il révo-
qua la permission qu'il avait donnée au
pape de lever de l'argent sur les ecclésiastiques... (1). D'ailleurs, le roi Louis IX avait
institué ses baillis royaux. Ceux-ci, présents
dans les cours seigneuriales, toutes fois
qu'ils le jugeaient convenable, déclaraient
la cause *cas royal* et la portaient à la cour
du roi, qui enlevait ainsi à la féodalité une
de ses prérogatives souveraines. C'était une
garantie pour les parties, qui trouvaient plus
d'équité, plus de lumières dans le parlement du roi que dans les cours féodales. La
tentative des évêques avortait; aussi toutes
les grandes cathédrales qui ne furent point
achevées avant 1245 ne purent-elles être
terminées qu'à grand'peine, quand la construction n'en fut pas interrompue pour toujours.

(1) Le Nain de Tillemont.

Alors Notre-Dame de Paris était élevée, sauf les flèches en pierre des deux tours, ainsi que nous l'avons dit tout à l'heure; l'église était entièrement bâtie sur le programme mi-religieux, mi-civil des cathédrales françaises de la fin du XIIe siècle. Elle ne possédait point de chapelles. L'autel seul, au milieu du rond-point de l'abside, était entouré des stalles du chapitre, la chaire de l'évêque dans l'axe. Les collatéraux de cette abside étaient de plain-pied avec le chœur. C'était la basilique antique avec son tribunal, ses galeries latérales à rez-de-chaussée et au premier étage. Le transsept était marqué, mais ne formait point de saillies sur les bas-côtés (1). Des fenêtres larges, sans meneaux, percées dans les murs

(1) Les cathédrales de Sens, de Senlis, de Meaux, contemporaines de Notre-Dame de Paris, ne possédaient pas de transsepts, ceux-ci furent ajoutés plus tard. La cathédrale de Bourges, bien que commencée seulement dans les premières années du XIIIe siècle, n'a point de transsept.

des bas-côtés, éclairaient la partie basse de l'église; d'autres baies plus longues, ouvertes sous les voûtes des galeries supérieures, les éclairaient ainsi que la nef centrale; et, enfin, un troisième rang d'ouvertures, également sans meneaux, faisait pénétrer le jour sous les hautes voûtes (1). Des roses, percées sous les combles des galeries supérieures, occupaient l'espace libre entre les arcs de ces galeries et l'appui des fenêtres supérieures. Cette disposition était simple, large, sévère. La cathédrale, ainsi faite, avait un caractère d'unité et de grandeur que les adjonctions postérieures lui ont fait perdre en partie. Dans ces basiliques, au milieu desquelles l'autel unique semblait présider, se tenaient des assemblées qui n'avaient rien de religieux. Des marchands

____

(1) On voit encore les restes ce cette disposition primitive conservée sur les parois intérieures de la première travée de la nef après les tours et de la dernière avant le transsept.

s'établissaient intérieurement dans les collatéraux. Là, à toute heure du jour, on pouvait
se réunir, s'occuper des affaires de la cité.
Il faut se rappeler qu'alors tout acte, même
civil, se rattachait par un certain côté aux
habitudes religieuses; qu'en toute occasion
il fallait avoir recours à l'intervention des
clercs, et on reconnaîtra que les évêques
étaient parfaitement entrés dans l'esprit de
leur époque en élevant ces larges abris dont
ils occupaient le centre et où il semblait
qu'ils dussent être pour toujours les arbitres
des intérêts de la cité.

La féodalité laïque et la royauté, réunies
cette fois, mirent fin à ce rêve d'une théo-
cratie féodale. Il fallut se résoudre à faire
des cathédrales des édifices purement religieux. Les communes, désormais assurées
de trouver dans la royauté un pouvoir judi-
ciaire régulier, supérieur aux justices seigneuriales, ayant fait l'expérience des cours
où l'excommunication se mêlait aux procé-

dures, ne donnèrent plus d'argent. Cet enthousiasme, que les historiens modernes
présentent trop comme exclusivement religieux, s'éteignit comme il s'était allumé,
avec les causes qui l'avaient fait naître. La
cathédrale de Beauvais, fondée en 1225,
restait inachevée; celles de Troyes, de Tours,
d'Auxerre, commencées en même temps,
n'étaient à peu près terminées que beaucoup
plus tard. Les constructions de celle d'Amiens, commencées en 1220, étaient interrompues vers 1240, et ne pouvaient être
poursuivies qu'à l'aide des plus grands efforts, pauvrement, en abandonnant même
une partie des projets primitifs. La première
pierre de la cathédrale de Reims était posée
en 1212; vers 1250, l'œuvre n'était pas entièrement achevée et ne put l'être qu'à grand'
peine; encore les flèches des deux tours de
la façade occidentale ne furent-elles pas construites.

Paris, centre du pouvoir suzerain, déjà

puissamment établi au milieu du XIII' siècle, devait subir, plus qu'aucune autre ville du domaine royal, l'influence de ces mouvements dans la politique intérieure du royaume. A Beauvais, à Reims (l'histoire en fait foi), les évêques résistèrent et tentèrent de maintenir la suprématie à laquelle prétendaient les cours épiscopales ; mais à Paris, rien de semblable. Il paraîtrait, au contraire, que les évêques se seraient résignés, plus facilement que partout ailleurs, à ne voir dans leur cathédrale qu'un édifice purement religieux. Vers 1245, déjà les chapelles étaient pratiquées entre les contre-forts de la nef, en supprimant le mur, percé de fenêtres, qui fermait le double bas-côté. Avant cette époque, c'est-à-dire vers 1240, le fenêtrage supérieur de la nef et du chœur était changé. Les anciennes fenêtres, agrandies aux dépens des roses percées au-dessus de la galerie, étaient garnies de meneaux. Par suite de cette modification dans la disposition primitive des hautes œuvres, les voûtes de la galerie jadis rampantes pour ouvrir de plus grands jours sur la nef (1), étaient rétablies de niveau et les anciennes fenêtres du triforium diminuées. Les corniches supérieures étaient refaites avec une forte saillie de feuillages, un chéneau et des balustrades. Un jubé était élevé devant le chœur (2). Les choses restèrent en cet état jusqu'en 1257. Par suite de la construction des chapelles entre les contre-forts de la nef, les deux pignons du transsept, de la fin du XII⁰ siècle, se trouvaient en retraite de la saillie formée par ces chapelles, ce qui devait produire extérieurement et intérieurement un très mauvais effet. Ainsi que le constate l'inscription

(1) Deux des voûtes primitives des galeries existent encore dans la travée près des tours, d'autres à l'extrémité de la nef contre le transsept.

(2) Ce jubé, dont nous avons retrouvé des fragments, datait de 1245 environ et était par conséquent plus ancien que les portions de clôtures en pierre avec imagerie, qui existent encore.

sculptée à la base du portail méridional, les
pignons du transsept furent démolis et avancés d'une travée en 1257 (1). Le maître des
œuvres, Jean de Chelles, construisit les deux
magnifiques pignons du nord et du midi, et
les premières chapelles du chœur, jusqu'à la
porte Rouge inclusivement, du côté septentrional, et jusqu'à l'ancienne galerie de com-
munication de l'évêché, du côté méridional.
Au commencement du XIVᵉ siècle, l'évêque
Matiffas de Bucy fit construire les chapelles
du rond-point, entre les saillies des anciens
contre-forts de l'église de Maurice de Sully.
Quant aux grands arcs-boutants, autrefois à
deux volées, l'abaissement des voûtes du
triforium en nécessita la construction en une

(1) Voici cette inscription : ANNO. DNI. M.CC.LVII.
MENSE FEBRUARIO. IDUS SECUNDO. HOC. FUIT. INCEPTUM
CHRISTI. GENITCIS HONORE. KALLENSI LATHOMO VIVENTE
JOHANNE. MAGISTRO. Des divers maîtres des œuvres
auxquelles on doit la construction de la cathédrale de
Paris, Jean de Chelles est le seul dont le nom soit
venu jusqu'à nous.

seule volée. Ceux de la nef furent refaits d'après ce dernier tracé, vers 1245, au moment où l'on construisait les premières chapelles ; ceux du chœur, de 1260 à 1300. C'est aussi à cette dernière date qu'il faut reporter la réfection des fenêtres absidales de la galerie supérieure.

Comme nous l'avons dit, un jubé avait été élevé devant le chœur, au milieu du XIIIᵉ siècle. La clôture du tour de ce chœur ne fut cependant commencée qu'à la fin du XIIIᵉ siècle, par Jean Ravy, *maçon de Notre-Dame*, lequel y travailla pendant vingt-cinq ans. L'inscription qui donnait le nom de cet imagier ajoutait que l'œuvre avait été *parfaite*, en 1351, par Jean le Bouteiller. De cette clôture en pierre et de ce jubé il ne reste que les deux parties au nord et au sud, derrière les stalles. Le segment, qui entourait l'abside et dont les sujets ajourés se voyaient du dedans et du dehors du sanctuaire, fut détruit en 1699. Lorsque Louis XIV voulut acquitter le vœu qu'avait fait le roi Louis XIII son père, en mettant le royaume de France sous la protection de la Vierge, par lettres patentes du 10 février 1638. Les travaux ordonnés par Louis XIV coûtèrent plus d'un million de livres; terminés une année seulement avant sa mort, ils comprenaient toute une décoration de marbres et de bronze (1). Le groupe du Christ descendu de la croix, les deux statues de Louis XIII et de Louis XIV, les anges en bronze, les stalles en chêne sculpté et le pavage en mosaïque existent encore. Un autel fort riche avait remplacé le charmant autel du XIIIe siècle, avec ses colonnes en bronze doré, surmontées de statues d'anges, et l'édicule sur lequel était placée la châsse de saint Marcel.

Pour exécuter les travaux ordonnés par

(1) Les bronzes furent fondus en 1792, les restes des marbres ont été enlevés en 1860 pour pouvoir restaurer les piliers du rond-point qui s'écrasaient par suite des mutilations qu'on leur avait fait subir.

Louis XIV, on détruisit encore de magnifiques tombes en bronze, qui se trouvaient
placées dans le chœur et qui recouvraient les
restes de grands personnages, entre autres
d'Isabelle de Hainaut, première femme de
Philippe Auguste; de Geofroy, duc de Bretagne, qui mourut en 1186; d'une comtesse
de Champagne, et d'un certain nombre
d'évêques. Une statue en pierre, peinte et
couverte d'incrustations de pâtes coloriées,
dont on a retrouvé des restes, était dressée à
la droite de l'autel, contre un pilier; c'était
celle de Philippe Auguste. Des stalles en bois
sculpté, fort riches, à dossiers recouverts de
cuirs dorés, avaient été élevées, au commencement du XIVe siècle, des deux côtés du
chœur. Elles furent détruites et remplacées
par les chaires que l'on voit aujourd'hui, lesquelles sont d'ailleurs d'un beau travail.

La Révolution de 1792 fit subir à la cathédrale de Paris de nouvelles mutilations. Les
statues des portails, y compris celles des

vingt-huit rois de Juda, qui passaient pour
représenter des rois de France, furent jetées
bas. Le même sort fut réservé aux nombreuses statues qui, à l'extérieur, étaient placées dans les niches des chapelles du chœur.

En 1793, par un arrêté, la Commune de
Paris décida que les *gothiques simulacres* des
rois, qui ornaient la façade de Notre-Dame,
seraient renversés, ainsi que les effigies en
marbre ou en bronze. Cependant, à la fin
de l'an II, le citoyen Chaumette réclama en
faveur des arts et de la philosophie; il af-
firma que l'astronome Dupuis avait établi
son système planétaire en consultant les
sculptures de l'une des portes de la cathédrale. Le conseil municipal décréta donc
que Dupuis serait adjoint à l'administration
des travaux publics, afin de conserver les
monuments dignes d'être transmis à la postérité.

Il faut constater d'ailleurs que les populations des grandes villes du Nord de la

France aimaient leurs cathédrales et voyaient encore en elles, suivant le programme de leur édification, le monument de la cité. Les fureurs populaires s'acharnaient à détruire les églises abbatiales, mais elles respectaient les cathédrales. La plupart de ces monuments conservaient même leur belle statuaire. Reims, Chartres, Amiens étaient heureusement préservés de toute mutilation. Sur un panneau de porte de cette dernière église, on lisait encore, il y a quelques années, cette phrase gravée avec la pointe d'un canif : « Les républiquain (*sic*) Lillois ont trouvé de toute indignité de laisser dans un temple de la Raison, tant de hochet (*sic*) du fanatisme. *Signé :* Dubois, 2e *année républicaine.* »

Les vitraux qui décoraient les fenêtres de la cathédrale de Paris avaient été enlevés par ordre du chapitre, dès 1741, et remplacés par des verres blancs avec bordures fleurdelisées. Seules, les trois roses conservaient

CHŒUR DE NOTRE-DAME DE PARIS AU XIIIe SIÈCLE

leurs verrières coloriées. Quelques travaux
intérieurs furent ordonnés par Napoléon Ier
avant le sacre. On éleva un maître-autel ; le
sanctuaire fut clos de grilles en fer avec socle
en marbre. Des ambons, également en marbre, remplacèrent les débris du jubé construit par le cardinal de Noailles, à la place
qu'occupait l'ancien jubé du XIIIe siècle.

Notre-Dame de Paris renfermait des monuments dont la destruction, fort regrettable, ne peut être imputée tout entière aux
dernières années du XVIIIe siècle. Parmi les
monuments enlevés en 1792, l'un des plus
intéressants était la statue équestre de Philippe de Valois. Ce prince, après la victoire
de Cassel, revenant à Paris, était entré à cheval, entouré de ses barons, dans l'église
Notre-Dame, dédiant ainsi son harnois royal
à la Vierge. En mémoire de ce fait, une statue équestre avait été érigée sur deux colonnes, contre le dernier pilier sud de la nef.
Cette image était revêtue des armes mêmes

du prince, chanfreins, hoqueton, haubert, etc. On voyait encore ce précieux monument en 1792, et il n'est pas besoin de faire ressortir l'intérêt qu'il aurait pour nous aujourd'hui (1), puisque nous ne possédons pas un seul harnois de guerre du XIVe siècle. D'autres monuments consacraient aussi certains faits importants dont la vieille église avait été le témoin. Les drapeaux enlevés par les armées françaises étaient suspendus au niveau des galeries hautes ; mais, par une attention qui fait honneur à notre pays, ces signes de victoires étaient enlevés pendant la paix.

Si les piliers de Notre-Dame de Paris avaient une voix, ils raconteraient toute

(1) Le fait de l'érection de ce simulacre couvert des armes mêmes de Philippe de Valois est rapporté par Du Breul, par le continuateur de la chronique de Guillaume de Nangis et par le P. Montfaucon. Toutefois le Chapitre de Paris prétendait que cette statue représentait Philippe le Bel, ce prince ayant fait à l'église des fondations assez importantes à la suite de la bataille gagnée par lui à Mons-en-Puèle.

notre histoire, depuis le règne de Philippe
Auguste jusqu'à nos jours. De combien d'événements n'ont-ils pas été les témoins! C'est
sous les voûtes de cette église que saint Dominique prêcha, après une apparition de la
Vierge, dit la légende; que le comte de Tou-
louse, Raymond VII, vint abjurer l'hérésie,
nu, en chemise auprès de l'autel. C'est là
que Henri VI d'Angleterre fut couronné roi
de France, en 1431; qu'en 1436 fut chanté le
Te Deum, à l'occasion de la reprise de Paris
par les troupes de Charles VII.

Pendant la domination des Seize, les galeries de l'église servaient d'habitation aux
troupes populaires de la Ligue, qui, à la voix
des clercs, sortaient de ce casernement d'un
nouveau genre pour courir sus aux Politiques et entretenir la terreur parmi les
bourgeois paisibles (1).

(1) On a trouvé de nombreuses traces de cette habitation temporaire en enlevant les anciens carrelages
des galeries : meubles brisés, vêtements, fragments

Mariages, baptêmes, obsèques, serments
et vœux éternels, bientôt démentis par
d'autres vœux et d'autres serments; fêtes
populaires, fêtes royales; chants d'allégresse
et de deuil; apologies et anathèmes; orai-
sons funèbres pour les rois et pour les morts
à l'attaque de la Bastille; culte de la déesse
Raison et des théophilanthropes; réinstalla-
tion du culte, en 1802; sacre de Napoléon Ier
et baptême de princes au berceau, qui ne devaient point régner; la vieille église, impas-
sible, fut un abri protecteur pour tant de mi-
sères et de splendeurs, pour les espérances
et les malheurs de la population parisienne.
Aussi ne faut-il pas s'étonner si le peuple de
Paris a conservé pour ces pierres séculaires
une vénération qui ne se démentit jamais.
C'est le lien visible qui le rattache à un passé
plein de grandeur, même pendant la tour-

d'ustensiles de cuisine; tout avait été jeté pêle-mêle
dans les reins des voûtes à la dernière heure de la tyrannie des chefs de la Ligue.

mente; ce sont ses titres de noblesse. Peu
d'entreprises furent plus populaires que celle
de la restauration de Notre-Dame. Les travaux, commencés sous le règne du roi Louis-
Philippe, en 1845, à la suite d'un vote
des Chambres, furent continués pendant la
République, conduits avec des ressources
plus étendues et achevés sous le règne de
Napoléon III. Des souscriptions, recueil-
lies avec un esprit de suite et un zèle peu
communs par les archevêques de Paris,
la fabrique et l'archiprêtre actuel de la cathédrale, ont permis de rendre à l'intérieur
de l'église son lustre ancien. Les chapelles
ont été peintes, le mobilier a été renouvelé,
le trésor s'est enrichi d'objets précieux par le
travail et la matière, si bien qu'après tant de
mutilations et de spoliations, Notre-Dame
redevient l'église métropolitaine digne d'un
grand pays. Bientôt isolée au milieu de
larges espaces, de jardins, de promenades,
ayant sous son ombre l'Hôtel-Dieu recon-

struit à neuf, l'archevêché et les services nécessaires au culte, au centre du Paris nouveau, elle montrera que ces premiers constructeurs prévoyaient les destinées futures de la grande ville, puisqu'ils avaient su lui donner cette grandeur et ce noble aspect.

La façade de Notre-Dame de Paris passa, de tous temps, pour un chef-d'œuvre. Seule, parmi nos grandes cathédrales françaises, elle présente un caractère d'unité parfaite et cette puissance que l'heureuse et savante combinaison des lignes peut donner. Là, point de confusion dans la composition des diverses parties, tout est clair pour les yeux. L'iconographie de cette grande page se lit facilement. Dans les ébrasements et voussures de la porte centrale, dite porte du Jugement, se résume l'épopée chrétienne. Sur le trumeau apparaît la statue colossale du Christ homme, enseignant; ses pieds portent sur le lion et le dragon. Les petits bas-reliefs sculptés dans le socle représentent les

Arts libéraux. Des deux côtés, les douze
apôtres debout sur les figures symboliques
de leur martyre ou des qualités qui les dis-
tinguent; c'est ainsi que sous saint Mathieu
on voit un personnage écartant ses cheveux
pour mieux entendre la parole évangélique.
Deux rangées de médaillons en bas-reliefs
présentent, au-dessus du socle, les douze
Vertus et les douze Vices qui leur sont opposés. Les Vertus portent leur blason. Les
vierges sages et les vierges folles se dé-
tachent sur les deux jambages, à la droite et
à la gauche du Christ. Au-dessus, dans le premier linteau, commence la scène du Jugement dernier. Deux anges sonnent de la
trompette, et les morts sortent de leurs tombeaux; rois, chevaliers, évêques, nobles
dames, vilains, répondent à ce suprême appel. La seconde zone figure le pèsement des
âmes; l'archange Michel tient la balance portant une âme dans l'un de ses plateaux; des
démons pèsent sur l'autre. A droite de l'ar-

change, les élus, représentés par des personnages uniformément vêtus de longues robes et coiffés de couronnes, regardent le ciel qui s'ouvre pour eux. A sa gauche, des démons entraînent aux enfers une file de damnés liés par une longue chaîne. Ceux-ci conservent les vêtements de leur état dans le monde. On voit des femmes, un évêque, un roi, un chevalier, des clercs et des laïques, pêle-mêle; la terreur et l'angoisse se peignent sur leur visage, tandis que du côté des élus l'expression des têtes est tout empreinte de sérénité et de joie.

Dans la partie supérieure du tympan, le Christ assis, les pieds reposant sur la terre, nu jusqu'à la ceinture, montre ses plaies. Deux anges debout, placés aux côtés, du Juge suprême, tiennent dans leurs mains les instruments de la passion comme pour rappeler aux réprouvés la rédemption dont ils n'ont pas su profiter. Derrière les anges sont agenouillés la Vierge et saint Jean intercé-

dant pour les hommes. Comme encadre-
ment de cette scène, six rangs de voussoirs
forment archivolte sur le tympan et complètent la composition. Deux de ces cordons
représentent des anges à mi-corps, comme
une auréole autour du Christ. Le troisième
contient les prophètes, le quatrième les docteurs, le cinquième les martyrs, le sixième
les vierges. Au bas des voussures, à la droite
du Christ, on voit un ange, des élus, Abra-
ham ; à la gauche, l'enfer.

La porte de gauche, sous la tour du nord,
dite porte de la Vierge, est une composition
des plus remarquables et qui peut être con-
sidérée comme le chef-d'œuvre de l'école de
statuaire française au commencement du
XIIIe siècle. Les bas-reliefs et statues du
tympan, qui représentent les prophètes, la
mort de la Vierge et son couronnement, sont
traités avec une ampleur de style et une per-
fection d'exécution peu ordinaires. Quant à
la porte de droite, dite porte Sainte-Anne,

elle est en grande partie composée de fragments de l'église restaurée par Étienne de
Garlande, vers 1140. Son tympan, son trumeau, une partie des voussures et les statues
des ébrasements appartiennent à la plus
belle école de cette époque. Ces fragments
ont été encastrés dans l'architecture de la
façade et complétés avec adresse par l'architecte du XIII° siècle, désireux de conserver
des objets d'art qui passaient, non sans raison, pour des œuvres de valeur. Entre ces
trois portes, dans de larges niches ména-
gées au devant des contre-forts, se dressent
quatre statues colossales : saint Étienne,
l'Église, la Synagogue et saint Denis. Puis
au-dessus, la longue file des rois de Juda
forme un magnifique cordon séparant la première ordonnance de la façade des parties supérieures. Des statues isolées couronnent la
galerie des rois. Elles représentent la Vierge
accompagnée de deux anges; Adam et Ève.
Cet ensemble, la rose qui s'ouvre entre les

tours, les baies inférieures de ces tours, res-
plendissaient de couleurs et de dorures dont
on voit encore de nombreuses traces. En
1490, un évêque arménien nommé Martyr,
étant venu en France, a laissé une relation
de son voyage. Ce prélat, qui avait vu un
grand nombre de monuments et qui devait
être habitué aux splendeurs des églises
d'Orient, est émerveillé devant la grandeur
majestueuse et la richesse de cette façade de
Notre-Dame, éclatante de couleur et d'or. Il
faut s'arrêter un moment devant en face des
vantaux des deux portes de la Vierge et de
Sainte-Anne, couverts de pentures en fer
forgé d'un merveilleux travail. La légende
prétend que le serrurier qui s'était chargé
de ferrer ces portes, désespérant de réussir
dans l'ouvrage qu'il avait entrepris, s'adressa
au diable, lequel consentit à faire les pentures à la condition, bien entendu, de se
payer avec l'âme du forgeron. Le marché
portait que les trois portes seraient ferrées.

Le diable remplit exactement les conditions du marché; les deux portes latérales
furent ferrées sans difficulté, mais impossible de poser les pentures sur les vantaux
de la porte centrale, parce que c'est par
cette porte que passe le saint Sacrement les
jours de procession. Ainsi, toutes les clauses
de l'engagement n'ayant pas été remplies,
le serrurier garda son âme et le diable en
fut pour ses deux portes, qui seules restèrent garnies de leur magnifique ferronnerie.
Il faut dire que la légende ne date que du
XIVe siècle, et que les pentures appartiennent à la ferronnerie du commencement
du XIIIe. Nous espérons que rien ne s'op-
posera à ce que les pentures de la porte centrale, bientôt terminées, soient attachées
aux vantaux qui les attendent depuis si longtemps.

C'est au coucher du soleil, pendant les
beaux jours, qu'il faut voir le grand portail
de Notre-Dame. Son front s'illumine des

couleurs les plus chaudes, les verrières
semblent jeter des étincelles; ces myriades
de figures, ces êtres étranges qui garnissent
les galeries, paraissent s'animer comme un
mystérieux concert. Rien d'ailleurs, dans cet
ensemble, n'est abandonné au hasard ou à
la fantaisie, ainsi qu'on le répète trop souvent, ignorants que nous sommes des choses
du moyen âge. Tout se tient dans ces grandes
compositions; la science et l'art se prêtent
un appui mutuel. L'architecte, le sculpteur,
le peintre, le verrier ont travaillé, inspirés
par une seule pensée; et s'ils n'ont point, le
plus souvent, laissé leur nom sur ces œuvres,
ils ont su, bien mieux, y graver ce caractère
de grandeur et d'unité dont nous poursui-
vons vainement l'expression aujourd'hui,
préoccupés que nous sommes de notre per-
sonnalité et d'un succès éphémère. C'est encore un jour de fête nationale qu'il faut
s'acheminer vers Notre-Dame, quand les
portes de la grande façade engloutissent

cortèges brillants, peuple, soldats, que les cloches sonnent à toute volée, que gronde l'artillerie, et que sous ses larges nefs se répand une mer vivante. C'est alors qu'on a le sentiment de sa grandeur et qu'on ne saurait sans émotion coudoyer ces piliers, témoins impassibles de la vie d'un des peuples les plus agités de la terre.

Quand, au-dessus de cette foule, des milliers de lumières dorent l'atmosphère poudreuse, que les vitraux jettent des lueurs nacrées, que résonnent les grandes orgues, la vieille église paraît se réveiller et participer à la vie, aux sentiments du peuple qu'elle abrite. Ce n'est pas par la richesse des marbres, par l'éclat des peintures que ce grand vaisseau séduit les yeux, mais par l'harmonie parfaite de ses lignes, le juste rapport entre l'ensemble et les détails. Fait pour l'homme, le monument le protège, mais ne l'écrase pas sous sa puissante masse par le luxe des matières rares et curieuses. Grand problème d'architecture que ces maîtres du moyen âge ont su résoudre !

Autrefois, devant la façade, existait une plate-forme qu'on appelait le Parvis, au niveau du pavé de l'église. Ce parvis clos de barrières, s'élevait de deux mètres environ au-dessus des voies environnantes de la berge de la Seine. On y montait encore par treize marches, du côté de la rivière, au commencement du XVIIe siècle. Peu à peu le sol environnant s'étant élevé, le parvis ne fut plus distingué que par la clôture qui en marquait le périmètre : celle-ci disparut à son tour pendant le dernier siècle. Lorsqu'en 1847 on voulut abaisser le sol de la place pour dégager la façade, on trouva presque immédiatement, sous le pavé, des constructions romaines des bas temps dépendant d'un vaste édifice. Ces constructions s'étendent sous l'église et montrent leurs débris jusque vers le chevet, où furent découverts les curieux fragments de sculpture déposés au musée de Cluny.

LA SAINTE-CHAPELLE

La Cité renfermait autrefois un grand nombre de paroisses disparues aujourd'hui. Les habitations particulières auront même bientôt fait place à des monuments publics. Ainsi, s'accomplit, après dix-sept cents ans d'existence, la destinée réservée à toutes les grandes villes qui, de leur berceau, firent la cité sacrée, l'*acropole*, le *forum*. De ses monuments anciens, la Cité ne renferme que Notre-Dame et certaines parties du Palais, résidence des princes suzerains jusqu'au XIV⁴ siècle, puis Parlement, aujourd'hui Palais de Justice, composé bizarre de constructions appartenant à tous les âges, depuis le XIII⁴ siècle jusqu'à notre époque. Cette agglomération de bâtiments est comme un ré-

sumé de notre architecture depuis saint Louis
jusqu'à Napoléon III, au milieu desquels
s'élève la Sainte-Chapelle.

Le saint roi ayant acquis, en 1241, de
Baudouin II, empereur de Constantinople,
la couronne d'épines et un morceau de la
vraie croix, voulut placer ces saintes reliques dans un oratoire digne de les recevoir.
L'architecte, Pierre de Montereau, fut chargé
de la construction. Commencée en 1245, trois
ans suffirent pour élever la Sainte-Chapelle,
qui fut consacrée le 25 avril 1248. Nos
moyens expéditifs et nos engins modernes
nous permettraient à peine d'obtenir un pa-
reil résultat. La Sainte-Chapelle est divisée
en deux étages; la chapelle basse et la chapelle haute; la première placée sous le vocable de la sainte Vierge, la seconde sous le
vocable de la sainte Couronne et de la sainte
Croix. Tout le bâtiment est construit en
pierre de liais, dit *cliquart*, d'un beau grain,
et présente le spécimen le plus complet et le

plus pur, peut-être, de l'architecture reli-
gieuse du milieu du XIII siècle. Les deux
étages sont voûtés en arcs d'ogives. Pour di-
minuer la portée des arcs de la chapelle
basse et ne pas prendre trop de hauteur, ces
voûtes reposent sur des colonnes isolées et
forment ainsi un bas-côté étroit autour du
vaisseau, éclairé par des roses-fenêtres qui
remplissent tout l'espace laissé sous les for-
merets. Cette disposition originale donne
une élégance singulière à cette œuvre qu'on
eût pu prendre, sans cela, pour une crypte.
Les parois de la chapelle haute, dont le pavé
était de niveau avec celui des appartements
royaux, ne présentent aux regards que des
faisceaux de colonnettes entre lesquels bril-
lent des verrières éclatantes de la plus har-
monieuse coloration. Une riche arcature gar-
nit le soubassement sous les appuis des fenêtres, et, derrière l'autel unique, s'élève
une clôture ajourée, avec plate-forme, sur
laquelle étaient placées les saintes reliques

protégées par un édicule en bois. Deux re-
traits ménagés entre les contre-forts, à droite
et à gauche, étaient destinés à recevoir les
sièges du roi et de la reine; car la chapelle
haute était réservée au souverain et à sa
cour, tandis que la chapelle basse devait contenir les familiers. Un porche à deux étages
et auquel on arrivait latéralement par les
galeries du palais dessert les deux chapelles.

Les statues des douze Apôtres sont adossées aux piliers de la chapelle haute, au niveau de l'appui des fenêtres. Supportées par
des culs-de-lampe et surmontées de dais,
elles rompent la sécheresse des lignes verti-
cales de ces piliers. Richement peintes, do-
rées et revêtues de pâtes coloriées, elles dé-
tachent, sur les mosaïques lumineuses des
verrières leurs tons vigoureux d'or et d'é-
maux, présentant ainsi comme une zone
animée au-dessus du soubassement.

Au nord de la Sainte-Chapelle s'élevait,
avant l'incendie qui, en 1776, détruisit une

partie du Palais, un petit édifice à deux
étages destiné au trésor des chartes et au
service de la sacristie. C'était une gracieuse
construction due également à Louis IX. Re-
liée à la chapelle royale par une courte galerie qui existe encore, son voisinage faisait
ressortir la grandeur du vaisseau principal
et composait avec celui-ci un ensemble de
l'effet le plus pittoresque. Bien que le sinistre
de 1776 n'eût pas entamé le trésor des
chartes, on jugea bon alors de le démolir
pour donner à la cour du Mai un aspect
symétrique et pour reproduire, à gauche de
cette cour, en façon de pendant, la galerie
qui longe la grand'salle des Pas-Perdus. Ce
culte prodigieux pour la symétrie, plus fatal
à nos édifices anciens que ne l'ont été les
fureurs populaires, la foudre et l'action du
temps, fit cacher, derrière un lourd placage
d'architecture, tout un côté de l'oratoire de
saint Louis, autrefois dégagé. Du côté sud,
les bâtiments de la police correctionnelle,

élevés il y a une vingtaine d'années, dimi-
nuèrent la largeur de l'ancienne cour; de
sorte qu'aujourd'hui, contrairement à ce qui
s'est pratiqué pour tous nos monuments
parisiens, la Sainte-Chapelle, engagée plus
qu'elle ne le fut jamais, ne laisse voir d'aucun
côté ses belles proportions d'ensemble, demeure comme ensevelie au milieu d'amas
de pierre froids et tristes, et ne montre qu'à
grand'peine ses œuvres hautes par-dessus
des toits et de lourds tuyaux de cheminée.
Le passant cherche le long de ces murs mo-
notones l'issue qui lui permet d'arriver au
pied de l'édifice de saint Louis, signalé au
loin par sa flèche dorée, et ne peut deviner
où cet édifice prend racine.

Le roi Louis XI fut le premier qui apporta
quelques modifications au plan de Pierre de
Montereau. Le soupçonneux monarque ne
se souciait point d'occuper le réduit ouvert
qui, dans la nef haute, recevait le prie-dieu
royal de ses prédécesseurs. Il fit construire,

au midi, à la gauche de l'autel, entre deux contre-forts, un petit oratoire fermé avec une sorte de meurtrière, pour avoir vue sur l'officiant. Soit que les œuvres hautes de la Sainte-Chapelle fussent dégradées par le temps, soit qu'un incendie, dont l'histoire ne fait pas mention, eût détruit ses combles, Charles VIII y fit exécuter des travaux importants de restauration. La rose fut entièrement reconstruite et garnie de nouvelles verrières; les clochetons qui terminent les deux escaliers de la façade furent refaits, ainsi que la charpente du comble et la flèche en bois recouvert de plomb.

On prétend que le roi Louis XII, étant goutteux et voulant arriver aux chambres du Palais et à la chapelle haute en litière, fit élever le joli degré (1) à rampe droite, douce

(1) Brantôme rapporte comment le duc de Nemours descendit au galop de son cheval Real le degré de la Sainte-Chapelle. «...A propos de ce cheval Real, il faut que je face ce compte, que, deux ans avant, le roy

SAINTE-CHAPELLE AU XVIIIe SIÈCLE

et voûtée, qui longeait le flanc sud de la chapelle royale. Sous Henri II, un jubé en marbre sépara la nef haute en deux parties.

Le 26 juillet 1630, un incendie causé par la négligence des plombiers, dévora la charpente du comble et de la flèche qui, en tombant effondra la voûte de l'escalier dû à Louis XII. Ce sinistre étant réparé tant bien que mal, les voûtes du degré ne furent point refaites. Des échoppes occupées par des libraires s'élevèrent entre ses piliers calcinés. C'est sur cet escalier à demi ruiné que

Henry fit une partye, le jour du mardi gras, avec les jeunes seigneurs, princes et gentilshommes de sa court, d'aller en masque par la ville de Paris, et à qui feroit plus de follies. Ils vinrent tous au Palais. M. de Nemours, estant sur le Real, monta de course (car ainsy le falloit) par le grand dégré du palais (cas estrange, estant aussy precipitant (roide), entra dans la gallerie et grand salle dudit palais, fait ses tours, pourmenades, courses et folies, et puis vint descendre par le dégré de la Sainte-Chapelle, sans que le cheval jamais bronchast, et rendit son maître saint et sauf dans la basse court...»

Boileau a transporté le champ de bataille de son *Lutrin* (1).

Les choses restèrent à peu près en cet état jusqu'à la fin du siècle dernier. Une couverture en bois avait été seulement placée sur les tronçons des piles du degré de Louis XII.

Pendant la Révolution, la Sainte-Chapelle devint un club, puis un magasin à farines, puis un dépôt des archives judiciaires, usage qui lui fut conservé jusqu'en 1837, époque où commencèrent les travaux de restauration. Après trente ans, ces travaux sont arrivés à leur terme, et le monument de saint Louis a repris son aspect premier. Bien entendu, les ouvrages de Charles VIII ont été conservés, et la flèche a été reconstruite suivant la forme de celle du XVe siècle, car

(1) Notre gravure représente la Sainte-Chapelle et son escalier ruiné par l'incendie de 1630,

> . . . . et le perron antique
> Où sans cesse, étalant bons et méchants écrits,
> Barbin vend aux passans des auteurs à tout prix.

il n'existe aucun renseignement sur le clocher primitif.

Les verrières ne composent pas seules la
décoration coloriée de la Sainte-Chapelle;
les piliers, l'arcature et les voûtes sont couverts de peintures et de dorures qui donnent
au vaisseau l'aspect d'une immense châsse.
Des gaufrures et des fonds de verre, treillis-
sés d'ornements d'or, ajoutent au précieux
de cet intérieur splendide. C'est une harmonie chaude de tons transparents et sourds,
de touches brillantes et de reflets d'or qui
vous transportent en dehors de la réalité.
La coloration des piliers et des voûtes, fondue dans l'éclat translucide des verrières,
acquiert une telle légèreté, que cet ensemble
paraît sortir des conditions terrestres de
stabilité. L'architecte, en reportant la poussée des contre-forts tout entière à l'extérieur,
en en garnissant l'intervalle de verrières
puissamment coloriées, savait bien qu'il ob-
tiendrait cet effet prodigieux, réseau de fili-

granes d'or sertissant des pierres précieuses. Au fond de la chapelle brille, dans l'atmosphère diaprée, le grand tabernacle d'or qui protégeait le précieux reliquaire. C'était là, sur cette plate-forme ruisselante d'émaux et de reflets métalliques que saint Louis montait, à certains jours, pour montrer la couronne d'épines aux fidèles remplissant la nef et au peuple qui se tenait dans la cour du palais. Un panneau de verre blanc avait été réservé dans la fenêtre du fond pour permettre cette exhibition, réservée au roi seul (1).

Des tombes de pierre gravées composent presque entièrement le pavage de la chapelle basse; elles recouvraient les cercueils des principaux dignitaires de la chapelle royale, et parmi ces tombes on distingue celle de

(1) Aujourd'hui la sainte couronne et le morceau de la vraie croix achetés à Beaudouin II sont déposés dans le trésor de Notre-Dame. L'ancien reliquaire de la couronne ayant été fondu en 1792, celui que l'on voit aujourd'hui a été fabriqué sur le même dessin. Il est d'une grande richesse comme travail et comme matière.

Jacques Boileau, chanoine, frère du poëte, et qui mourut en 1716.

Une fois l'an, une messe est célébrée dans la Sainte-Chapelle à l'occasion de la rentrée des cours après les vacances.

Les églises paroissiales de l'ancien Paris de Philippe Auguste et de Charles V étaient très nombreuses et petites. Dans l'enceinte de la populeuse ville l'espace était rare. Des oratoires et chapelles dépendant d'hôpitaux et de collèges permettaient encore à la foule des fidèles de se disséminer sur un grand nombre de points. Parmi ces chapelles, la plus ancienne et la plus remarquable par le style de son architecture est certainement la petite église de Saint-Julien-le-Pauvre, dépendance aujourd'hui de l'Hôtel-Dieu, sur la rive gauche. Cet édifice, dont les fondations remontent aux premiers siècles de l'ère chrétienne, puisque Grégoire de Tours le cite déjà comme une basilique, fut reconstruit plusieurs fois. L'édifice actuel remonte à la

fin du XIIe siècle (1170 environ), et les détails de son architecture ont une parfaite
analogie avec ceux de la partie ancienne de
Notre-Dame. Très simple à l'extérieur, la petite église de Saint-Julien fournit un exemple
excellent de cette belle école du XIIe siècle
dont l'abside de Saint-Germain-des-Prés est,
à Paris, le plus ancien spécimen, et dont
nous retrouvons des restes à Saint-Denis.

Il est, chez les peuples, des moments de
floraison pendant lesquels la marche des
événements politiques, les travaux de l'intelligence, le besoin d'expansion, le développement des arts, la puissance militaire
composent un ensemble complet et harmo-
nique. L'histoire antique et l'histoire des
temps modernes présentent de ces points
brillants signalés comme des fanaux à travers la pâle lueur des faits d'un ordre
secondaire. On aime à fixer le plus longtemps possible ses regards sur ces époques
privilégiées, et l'on se demande quelles

sont les causes qui ont produit ces gran-
deurs soudaines : on voudrait les faire re-
naître. Les diverses expressions de l'art,
pendant ces périodes d'expansion, prennent
un caractère tranché qui permet de les reconnaître aisément à travers les siècles sans
jamais vieillir; car c'est le privilège des
œuvres d'art qui sont l'expression exacte
d'un état de la civilisation, de conserver une
jeunesse éternelle. Telle est l'architecture
des Grecs pendant la brillante et trop courte
phase de leur histoire; telle est celle de l'Ile-
de-France pendant les XIIe et XIIIe siècles.

De tant de monuments élevés alors, il ne
nous reste guère que des églises, quelques
châteaux ruinés, des débris épars, monastères, hospices. Paris, centre d'activité, colosse sans cesse rebâti, ne conserve qu'un
petit nombre de ces édifices dus aux écoles
laïques des XIIe et XIIIe siècles. Si nous lais-
sons de côté Notre-Dame, Saint-Julien-le-
Pauvre, le chœur de Saint-Germain-des-Prés,

celui de Saint-Martin-des-Champs, quelques traces conservées à Saint-Séverin, nous ne trouvons plus dans nos églises que des restes, très altérés d'ailleurs, des XIVe et XVe siècles, restes sans valeur comme art, affadis par des restaurations continuelles faites sans goût et sans intelligence. Les paroisses de Saint-Merri, de Saint-Leu, de Saint-Nicolas-des-Champs, de Saint-Laurent, de Saint-Gervais, ne présentent qu'un intérêt très secondaire à l'artiste et à l'archéologue. Gênées par l'espace, leurs plans sans développements, contournés, font penser à ces fruits qui mûrissent entre les barreaux d'un treillage. La place était trop rare pour ne point profiter de toute celle dont on pouvait disposer, et il ne s'agissait pas de chercher des combinaisons symétriques. La richesse même des paroisses du vieux Paris fut pour les églises une cause de mutilations. Depuis le XVIIe siècle, notamment, elles eurent à subir des transformations de tous genres; boiseries mal-

séantes, placages de marbres, mobilier à la
mode du jour, enlèvement de vitraux pour
donner de la lumière, tableaux .accrochés
aux piliers, vinrent modifier ou masquer leur
vieille architecture. La Révolution, en enlevant ces superfétations, les laissa nues, cou-
vertes de plaies, dévastées; et depuis lors les
réparations tentées n'ont pas toujours été
heureuses. La grande pensée d'unité qui
présida, dans l'origine, à la construction de
ces monuments religieux, était perdue après
la Renaissance; et, pour s'en convaincre, il
suffit de parcourir les *Guides* qui, depuis le
XVIIe siècle, ont parlé de ces monuments.

Ce qui occupe les auteurs, ce sont les tableaux, les objets mobiliers, les orgues, certains détails nouveaux; comme si les églises
étaient des musées ou des magasins de bric-
à-brac. Cependant la Renaissance sut encore
élever, à Paris, de beaux monuments religieux ; Saint-Eustache, Saint-Étienne-du-
Mont en fournissent la preuve.

SAINT-EUSTACHE

Saint-Eustache n'était jusqu'au XVIᵉ siècle qu'une chapelle dédiée à sainte Agnès, dont l'importance s'était accrue successivement par suite de l'extension du quartier qui l'entourait. Ce fut en 1532 que le prévôt de Paris, Jean de la Barre, posa la première pierre de l'église actuelle. L'architecte était un certain David. Les travaux, commencés par la nef, ne furent continués qu'avec lenteur; il est à croire même qu'ils restèrent en suspens lors des guerres religieuses, puisque le chœur ne fut commencé qu'en 1624, en suivant scrupuleusement, d'ailleurs, les projets primitifs. La façade, dont le rez-de-chaussée fut élevé probablement par l'architecte auteur du projet, resta inachevée. Ces œuvres inférieures, qui rappelaient le style des deux portails nord et sud, furent démolies au commencement du XVIIIᵉ siècle et remplacées par le lourd portail que nous voyons aujourd'hui, dont chacun peut constater la médiocrité, et qui est attribué à Mansard.

Le plan de Saint-Eustache est exactement celui d'une église gothique ; le système de structure adopté est encore le système admis pendant le moyen âge en France : voûtes contre-boutées par des arcs-boutants, bas-côtés avec triforium au-dessus, chapelles latérales et absidales, flèche en charpente et plomb au centre du transsept, contre-forts avec pinacles pour assurer la stabilité, chénaux aux gargouilles saillantes. Cependant, si l'architecte n'a rien inventé, quant au plan et aux dispositions générales, il a prétendu innover dans les détails. Repoussant la courbe en tiers-points, vulgairement appelée ogive, il a adopté pour les fenêtres hautes la forme elliptique, ce qui n'est pas heureux.

Ses contre-forts simulent des pilastres composites et, à l'intérieur, les piliers présentent la plus étrange superfétation de pilastres et de colonnes qu'il soit possible d'imaginer. L'effet d'ensemble de cet intérieur ne laisse pas cependant de produire une impression de grandeur élégante qui séduit. Ces collatéraux élevés répandent dans le vaisseau une belle lumière, heureusement répartie. Il y a bien dans tout cet intérieur une affectation théâtrale, le désir évident de surprendre, et si ce vaisseau était entièrement recouvert de peintures, si les fenêtres étaient garnies de vitraux légèrement coloriés, l'intérieur de l'église Saint-Eustache aurait toute l'apparence d'un palais de fées, sinon d'une église catholique. Cet intérieur, très grand déjà, grandirait encore par une bonne entente d'harmonie de tons. Qu'on imagine tout un système de coloration commençant, dans les parties inférieures, par des tons solides et chauds et devenant de plus en plus délicats et légers à mesure que l'on s'élèverait, avec quelques éclats d'or sur les points saillants; que l'on voile, par la pensée, les jours des fenêtres par des vitraux d'une transparence nacrée, l'effet général serait merveilleux. L'architecte de Saint-Eustache, en projetant son édifice, avait-il eu cette pensée? C'est à croire, car l'architecture intérieure ne paraît composée que pour s'aider de la peinture.

Quelques chapelles seulement furent peintes pendant le XVIIe siècle, restaurées et complétées depuis peu, mais d'après un principe étranger au style adopté dans le monument. Ces peintures, en effet, d'un aspect lourd et peu harmonieux; quel que soit d'ailleurs leur mérite, ne se rattachent point à l'architecture et ne la font point valoir.

Il faut examiner avec attention le portail nord du transsept de Saint-Eustache : c'est une des œuvres les plus remarquables du XVIe siècle. Les proportions de ce grand pignon, l'étude des détails, leurs rapports avec l'ensemble indiquent un artiste consommé dans son art. Malheureusement, ce portail s'élève au fond d'une rue étroite et biaise qui permet difficilement d'en saisir l'ensemble d'un coup d'œil.

Si, dans ces monuments religieux de l'époque de la Renaissance on ne retrouve plus cette verdeur juvénile, ce savoir du constructeur, cette variété de moyens qui charment dans les édifices du XII⁰ et du XIII⁰ siècle et qui en font un sujet perpétuel d'études, on y reconnaît encore une fertilité d'invention, originalité native qui peut-être nous manquent aujourd'hui.

SAINT-ÉTIENNE-DU-MONT

L'église Saint-Étienne-du-Mont possède ces qualités propres aux architectes du

SAINT-ÉTIENNE-DU-MONT

XVIe siècle. C'est en 1517 qu'elle fut reconstruite en commençant par l'abside. Conduites avec lenteur et interrompues pendant les guerres religieuses, les constructions ne furent achevées que vers 1620 par la façade. La chapelle absidale ne fut élevée que vers 1660. Aucune de nos églises, à Paris, ne présente des dispositions intérieures qui puissent être comparées à celles de Saint-Étienne-du-Mont. Les voûtes des collatéraux, presque aussi élevées que celles de la nef, retombent sur de gros piliers cylindriques réunis à une certaine hauteur, dans la nef et le chœur, par une galerie de circulation, sorte de balcon qui fait le tour de l'édifice, sauf dans le transsept (1). Un jubé, reposant sur un arc surbaissé, ferme l'entrée du chœur

(1) Il faut remonter au XIIIe siècle pour trouver une disposition analogue à celle qui a été adoptée à l'intérieur de Saint-Étienne-du-Mont. La nef de la cathédrale de Rouen présente une galerie de circulation suspendue aux piliers, qui peut-être donna le motif appliqué par l'architecte de l'église du Mont.

sans masquer l'autel principal, et deux jolis
escaliers s'enroulant autour des piliers permettent de monter sur la plate-forme d'où on
lisait autrefois l'épître et l'évangile et où se
plaçaient les chantres. La façade de ce monument ressemble un peu trop à ces meubles
appelés *cabinets* au commencement du
XVIIe siècle et qui cachaient leurs tiroirs,
leurs vantaux et leurs secrets, sous une
superfétation d'ordres microscopiques, de
niches, de frontons circulaires et angulaires,
de statuettes et de grotesques. Ce qui manque
sur cette façade, comme sur la plupart des
monuments religieux élevés à cette époque,
c'est une idée première. Tout cela se super-
pose, s'enchaîne, s'accole sous l'influence
d'un caprice, par un jeu de l'esprit, sans
qu'il soit possible de découvrir, à travers ces
échantillons d'architecture, un parti, une
ordonnance résultant d'une pensée domi-
nante. Même au moment de sa décadence,
notre art du moyen âge se soumet à une idée,

procède d'après la méthode, et la conception
générale, si chargée qu'elle soit de détails,
est écrite dès la base du monument; si bien
qu'on n'en saurait enlever une partie et la
remplacer par autre chose sans détruire l'harmonie.

En peut-on dire autant de l'architecture de
Saint-Eustache et de Saint-Étienne-du-Mont?
Il y a bien quelque chose d'attrayant dans
cet imprévu, dans cette fantaisie, qui inter-
viennent à tout propos, et qui reproduisent
en pierre les rêves de l'artiste. On se fatigue
vite cependant de toute œuvre d'art qui n'est
pas l'éclosion bien mûrie d'une idée mère.
Un édifice, surtout un édifice religieux,
n'est pas une causerie, passant d'un sujet à
un autre, glissant sur tout sans rien appro-
fondir, se tirant par un trait d'esprit d'une
explication difficile, et ne laissant après elle
que le souvenir d'une heure agréablement
écoulée. L'architecture est un art trop sérieux, qui demande trop de soins et qui coûte

trop cher pour qu'il lui soit permis de se montrer sans rien dire et sans rien conclure. Il est clair que le XVIe siècle ne prenait plus au sérieux les églises, qu'il les bâtissait plutôt pour prouver à la Réformation que le catholicisme était encore vivant que par conviction. Dans ces monuments, l'iconographie présente le bizarre mélange de traditions chrétiennes et de souvenirs de la Rome antique. Le symbolique tombe parfois dans le burlesque, et la satire personnelle intervient dans la sculpture.

SAINT-SULPICE

Les dispositions générales de l'église, trouvées par le moyen âge, sont cependant conservées; on ne cherche même pas à s'en écarter, tant elles sont passées à l'état de tra-

dition consacrée. Nous voyons ces disposi-
tions persister jusque pendant le XVIIIe siècle,
car Saint-Sulpice, par son plan et son sys-
tème de structure, est encore une église gothique élevée par des constructeurs médiocrement habiles, qui n'ont rien trouvé de
mieux que de substituer aux supports grêles
des églises du moyen âge, de lourds piliers
obstruant la vue et la circulation ; aux voûtes
si ingénieusement combinées par les maîtres
du XIIIe siècle, des berceaux en pierre de
taille dont la poussée s'exerce sur toute la
longueur des murs et exige, pour les contre-
bouter, des amas de matériaux dont l'em-
ploi du système gothique permettait de se
passer.

VAL-DE-GRACE

L'église du Val-de-Grâce, élevée par Anne
d'Autriche, pour remercier Dieu de la naissance de Louis XIV, est un des rares monuments qui abandonnent le plan du moyen
âge. François Mansard en fournit les plans,
l'œuvre fut continuée par Jacques Lemercier
et achevée par Pierre Lemuet, Gabriel Leduc et Duval. Cette église, dont le dôme est
très heureusement tracé et dont toutes les
parties sont exécutées avec un soin remarquable, est bâtie sur un plan ayant, avec celui de Saint-Pierre de Rome, beaucoup d'a-
nalogie. C'est une disposition rappelant,
comme Saint-Pierre même, les salles des
thermes antiques de Rome, mais l'édifice
parisien étant petit d'échelle, ces disposi-

LE VAL-DE-GRACE

tions, qui conviennent si bien à de très vastes
vaisseaux, sont ici encombrées et d'un aspect
intérieur assez mesquin ; car l'architecture
ne peut pas impunément être changée d'é-
chelle, et le plan d'une église convenable
pour contenir dix mille personnes ne saurait
être réduit à des dimensions qui permettraient de n'en contenir que cinq mille.
Autre programme, autre plan.

SAINT-ROCH

Dès le milieu du XVIIe siècle, l'architecte
J. Lemercier avait commencé l'église Saint-
Roch (1). Cet artiste, d'un rare mérite, comprenait déjà que les dispositions de l'église
catholique demandaient à être profondément
modifiées, par suite des changements intro-

(1) Louis **XIV** en posa la première pierre en 1653.

duits dans les habitudes des fidèles et du clergé. La distribution intérieure de Saint-Roch est celle qui, à Paris peut-être, est la plus heureusement conçue, si l'on tient compte des services auxquels une église doit aujourd'hui satisfaire. Sur un terrain étroit, irrégulier, avec des différences de niveau considérables, l'architecte a su composer un plan excellent, et si l'architecture adoptée n'était pas aussi lourde et froide, on pourrait considérer ce monument comme un chef-d'œuvre. Que l'on suppose la voûte de l'abside principale soutenue par des piliers élancés et d'une meilleure proportion, la grande chapelle circulaire de la Vierge qui s'élève derrière le chœur produirait un merveilleux effet. Le Calvaire, sorte de crypte s'étendant à l'extrémité de l'axe longitudinal, était un motif d'architecture heureusement trouvé et auquel il ne manque que le choix et un peu d'originalité dans les détails, d'une désespérante banalité classique.

SAINT-GERMAIN-DES-PRÉS

Trois églises anciennes, dont nous n'avons
point encore parlé, méritent d'être visitées ;
l'une, Saint-Germain-des-Prés, dépendait de
l'abbaye de ce nom. Situé autrefois hors de
Paris sur la rive gauche, en face du Louvre
de Philippe Auguste et de Charles V, ce monastère possédait son enceinte fortifiée, ses
fossés, ses portes avec pont-levis. De l'église
de Childebert il ne reste plus rien que certains fûts de colonnes en marbre, replacés au
XIIe siècle dans le chœur. La nef fut rebâtie
pendant le XIe siècle à la suite d'une tour
carrée dont la base, assez gauchement rha-
billée il y a quelques années, paraissait ap-
partenir au IXe siècle. Le chœur et la porte

occidentale appartiennent au milieu du XIIᵉ siècle. Il ne faut pas d'ailleurs considérer cette nef du XIᵉ siècle comme un monument original, car elle fut reprise pendant le XVIIᵉ siècle et au commencement de celui-ci en presque totalité, et les sculpteurs mêmes de ce temps cherchèrent à imiter quelques-uns des vieux chapiteaux romans, par respect probablement pour l'ancienne basilique. Une peinture décorative couvre toute cette architecture peu authentique, dix fois remaniée, et donne au monument un aspect étrange. Des sujets, remarquablement traités par Flandrin, contribuent à jeter le trouble dans l'esprit du visiteur quelque peu versé dans la connaissance des styles, car la délicatesse et le sentiment, trop pâle peut-être, des peintures de Flandrin contrastent d'une façon criante avec la sauvagerie des chapiteaux et profils de la nef, trop bien trouvée par les artistes modernes qui, cherchant la naïveté, sont tombés dans le burlesque et la

laideur (1). De ses trois clochers, l'église de
Saint-Germain-des-Prés n'en possède plus
qu'un, celui de la face occidentale. Extérieurement, l'abside, fort remarquable à l'intérieur, ne manque pas de grâce et gagnera
beaucoup à être entièrement dégagée, surtout si l'on se résout à enlever la lourde
chapelle bâtie il y a environ quarante ans.

SAINT-GERMAIN-L'AUXERROIS

La seconde église qui doit attirer l'attention des visiteurs est l'église Saint-Germain-
l'Auxerrois. Sa façade, qui se présente en face
de l'entrée orientale du Louvre, est une jo-

(1) Douze des vieux chapiteaux de la nef de Saint-
Germain-des-Prés sont aujourd'hui déposés dans la
salle des Thermes du Musée de Cluny, et s'ils sont
d'un travail grossier, du moins ne manquent-ils pas
de caractère.

lie composition, originale, présentant une heureuse silhouette. Du reste, dans cette église, on trouve réunis tous les styles d'architecture, depuis le XIIe siècle jusqu'au XVe. La base du clocher appartient au XIIe siècle, la porte principale, sous le porche, au commencement du XIIIe; le chœur, très défiguré intérieurement, date de la même époque; la chapelle de la nef, au sud, a été bâtie au XIVe siècle; la nef, les croisillons, les chapelles absidales, la façade et le porche occidental ne remontent pas au delà du XVe siècle. Il serait difficile de donner la raison de ces constructions successives à époques éloignées les unes des autres; mais la destinée des églises de Paris est de subir perpétuellement des changements, des adjonctions, voire des mutilations, sous prétexte d'embellissements et pour se conformer au goût du jour.

En 1744, le chœur de Saint-Germain-l'Auxerrois était encore fermé par un beau

SAINT-GERMAIN-L'AUXERROIS

jubé dont Pierre Lescot avait composé l'architecture, et dont la sculpture était due à Jean Goujon.

Les marguilliers et le curé, après la suppression du chapitre, renversèrent cette ordonnance et firent mutiler les piliers et arcades du chœur. « Un architecte, nommé Bacarit, présenta un projet de décoration dont l'Académie des Arts accepta la responsabilité en y donnant une éclatante approbation... Ce qui parut merveilleux aux académicien de 1745, tout le monde le trouve informe aujourd'hui (1). » Quelques fragments des sculptures de Jean Goujon sont déposées au Louvre, dans la collection de la Renaissance.

Depuis 1838, des travaux de restauration furent entrepris dans l'église Saint-Germain-l'Auxerrois, sous la direction de Lassus et rendirent un certain lustre à ce monument

____

(1) Voyez l'*Itinéraire archéol. de Paris*, par M. F. de Guilhermy, 1855.

vénérable. Des peintures furent exécutées par M. Amaury Duval, dans la chapelle du sud. Celles du porche sont faites à la fresque par M. Mottez.

SAINT-SÉVERIN

L'église Saint-Séverin, dont le clocher se découpe assez gracieusement sur la rive gauche, entre le boulevard Saint-Michel et l'Hôtel-Dieu, laisse voir aussi des constructions de diverses époques. Quelques parties antérieures de la nef appartiennent au XIIIe siècle; le reste de l'église date des XIVe et XVe siècles. Le petit portail de l'ancienne église de Saint-Pierre-aux-Bœufs a été accolé après la démolition de cette église, en 1839, à la face occidentale de Saint-Séverin, qui n'était qu'un pignon de clôture pro-

visoire, car l'édifice devait être prolongé au
delà de ce point. Un cloître existe encore du
côté méridional; il date du XVe siècle, et
c'est le seul, avec celui des Billettes, qui soit
encore debout à Paris.

Il ne faut point omettre d'aller voir l'ancienne église du Prieuré clunisien de Saint-
Martin-des-Champs, aujourd'hui Conserva-
toire des Arts et Métiers. L'abside, du
commencement du XIIe siècle, est un des
remarquables exemples de l'architecture re-
ligieuse de cette époque. Une large nef, sans
collatéraux, bâtie au XIIIe siècle et couverte
par un lambrissage en bois sur charpente,
précède ce chœur. Ce monument, restauré
depuis peu avec soin, s'élève non loin du
magnifique réfectoire des moines, l'un
des beaux ouvrages du commencement du
XIIIe siècle. La bibliothèque du Conserva-
toire est établie dans cet ancien vaisseau di-
visé par une épine de sveltes colonnes portant les voûtes. La sculpture de cette salle

est de la plus grande beauté, comme style et comme exécution.

SAINTE-GENEVIÈVE

Excepté les deux essais cités plus haut, tentés par les architectes du XVIIe siècle, pour sortir de la donnée admise pendant le moyen âge, on continuait à construire des églises à Paris qui, sauf le style, n'apportaient aucune modification aux plans et dispositions anciennes. L'architecte Soufflot fut chargé, à la suite d'une sorte de concours limité, de l'exécution de la nouvelle église Sainte-Geneviève, pour accomplir un vœu fait par Louis XV pendant sa maladie à Metz. Le plan de Soufflot sortait entièrement des dispositions adoptées jusqu'alors dans nos églises parisiennes. C'est une croix grecque

avec bas-côtés, large coupole au centre et
vaste portique sur la façade à l'instar de celui
du Panthéon, à Rome. Malheureusement,
quelques vices dans l'exécution, et surtout
la hauteur exagérée donnée au dôme après
la mort de Soufflot, obligèrent d'augmenter
l'épaisseur des quatre piliers qui portent la
coupole, ce qui détruisit l'effet d'ensemble
de l'intérieur du vaisseau qui, malgré la pauvreté des détails et une certaine maigreur
dans les proportions, présentait des qualités
très remarquables. L'œuvre de Soufflot fut
encore altérée par le bouchement des fenêtres latérales et par la fâcheuse proportion
donnée au tambour supérieur et au dôme
construit après sa mort. Il n'en faut pas
moins constater qu'il y avait là une tentative
hardie, un grand effort pour sortir des données jusqu'alors suivies; bien qu'un portique
de 25 mètres de hauteur ne soit pas d'un
usage commode sous notre climat, bien que
la construction toute factice de ce portique

fût un fâcheux précédent, bien que le plan
ne comportât guère les services d'une église
catholique, il n'en faut pas moins reconnaître
dans l'œuvre de Soufflot, telle surtout qu'il
l'avait conçue, la trace d'un grand talent
sinon du génie.

LA MADELEINE

Après le concordat on songea d'abord à
réinstaller le culte dans les églises de Paris
qui n'avaient point été démolies et qui servaient de magasins, de dépôts, d'ateliers.
Ces églises, encore en grand nombre, suffirent d'abord, mais bientôt des quartiers
nouveaux s'élevèrent à l'occident et au nord,
sur la rive droite de la Seine, et il fallut son-
ger à satisfaire aux besoins religieux des habitants. L'empereur Napoléon Ier avait, à

LA MADELEINE

plusieurs reprises, provoqué de la ville de
Paris des décisions tendant à élever quelques
églises nouvelles, mais les préoccupations
de ce temps empêchèrent qu'on ne donnât
suite à ces projets. Alors il existait à l'extrémité de la rue Royale un monument à peine
sorti de terre, commencé à la fin du règne
de Louis XVI et destiné à remplacer l'ancienne chapelle de Sainte-Madeleine. Napoléon Ier eut l'idée d'ériger sur cet emplacement un temple à la Gloire, consacré à
certaines fêtes annuelles, dont le détail est
donné dans les lettres mêmes de l'empereur
à ce sujet. Le projet fut mis au concours, et
l'architecte Vignon, désigné par l'empereur,
contrairement à l'avis de la section de l'Académie des beaux-arts, se mit à l'œuvre.
En 1814 la nef de ce monument s'élevait
au-dessus du sol; les colonnes jusqu'à la
hauteur des chapiteaux. Le gouvernement
de la Restauration reprit naturellement le
projet d'une église. Des modifications furent

apportées au plan du temple, et on se remit pour la troisième fois à l'œuvre. La bâtisse fut encore interrompue et ne fut reprise que vers 1825. Continuée activement après la révolution de Juillet par M. Huvé, successeur de Vignon, l'église de la Madeleine fut enfin livrée au culte en 1840. Malgré des remaniements presque complets après chaque changement de programme, cet édifice se ressent de l'incertitude qui pesa si longtemps sur sa destinée. A l'intérieur, l'église de la Madeleine peut passer pour une salle d'assemblée, pour une salle de thermes antiques, pour un vaste tribunal, et ne semble être devenue église que par suite d'un changement de destination. A l'extérieur, c'est un temple romain sur de grandes dimensions. La cella tout unie, le comble à double pente, ne font nullement soupçonner la disposition intérieure par travées, avec arcs-doubleaux et coupoles sur pendentifs, abside semi-circulaire et sanctuaire relevé. Ce sont deux monuments emboîtés *par art sub-til*, si bien que, si l'on introduisait quelqu'un les yeux bandés dans cette nef, et qu'après la lui avoir fait visiter dans ses détails on lui demandât d'en décrire, par déduction naturelle, la forme extérieure, il est certain que ce visiteur donnerait à l'enveloppe une toute autre apparence que celle qu'on a adoptée. Il faut reconnaître que cet intérieur ne manque pas de grandeur et de noblesse, et qu'il ferait une belle salle d'assemblée pour entendre de la musique ou un orateur placé à l'entrée du chœur. Mais pour en faire une église il a fallu en torturer les dispositions générales. Extérieurement, l'église de la Madeleine présente assez bien la physionomie d'un grand temple romain dans le goût de ceux que bâtit l'empereur Hadrien en Grèce et en Syrie. Sa perspective, par un beau soleil, vue de la place de la Concorde, encadrée par les deux bâtiments du Garde-Meuble, ne laisse pas d'être imposante, surtout si, par la pensée, on remplace ces colonnes composées d'empilages d'assises basses par des monolythes de marbre ou de granit, comme ceux du temple de Jupiter à Athènes, ou du Soleil à Baalbek, et ces plates-bandes appareillées, rattachées avec des barres de fer, par de beaux blocs de pierre d'un seul morceau, ainsi que ce système d'architecture le comportait. Quoi qu'il en soit, l'église de la Madeleine signale une époque de tâtonnements, de recherches savantes, une intention de retour absolu vers les formes de l'antiquité romaine, et, à ce point de vue seulement, elle serait intéressante si d'ailleurs elle ne présentait pas les qualités que nous venons de signaler.

NOTRE-DAME-DE-LORETTE

Après cette tentative dont le résultat ne remplissait que médiocrement les données d'une église catholique et qui était singulièrement dispendieuse, on voulut se rattacher à d'autres traditions. Les architectes qui avaient visité l'Italie se dirent qu'après tout, cette contrée des arts avait élevé des églises catholiques, et qu'imiter pour imiter, peut-être était-il plus sensé de copier une basilique chrétienne qu'une salle de thermes ou un temple païen. Ainsi fit-on. Notre-Dame-de-Lorette s'éleva sur le plan d'une basilique chrétienne de Rome, mais au lieu du narthex au portique bas et protecteur qui s'élève devant la basilique romaine, comme pour rendre hommage à l'antiquité qu'on allait laisser de côté, un portique co-

rinthien avec fronton qui n'abrite les fidèles
ni contre le soleil, ni contre la pluie, se
dressa devant la nef catholique. Il faut dire
que le monument fut mis au concours et que
le portique corinthien était une concession
au sentiment des juges, qui regardaient alors
comme une hardiesse cet abandon de l'antique forme romaine. Des projets qui en-
traient plus radicalement dans l'imitation de
la basilique chrétienne furent mis de côté,
et l'on peut dire de l'église Notre-Dame-de-
Lorette aux personnes assez indiscrètes pour
demander ce que fait là ce portique corinthien avec fronton, que c'est grâce à cet
accessoire antique que la basilique chrétienne a pu passer. L'intérieur de cette église
est d'une jolie proportion, et s'il n'élève
beaucoup l'esprit, du moins est-il confor-
table et d'un aspect plaisant. Les peintures
s'harmonisent avec ce vaisseau d'une dimension restreinte et n'ont rien de la physionomie farouche des arts primitifs.

SAINT-VINCENT-DE-PAUL

Une seconde église s'éleva bientôt après
Notre-Dame-de-Lorette sur le type des basiliques latines. Admirablement située, l'église
Saint-Vincent-de-Paul présente extérieurement un mélange de styles assez divers.
Derrière un portique ionique dans le goût
grec, s'élève un grand mur surmonté de
deux tours carrées dont la silhouette un
peu froide et les larges baies garnies de
treillis rappellent plutôt les constructions
industrielles que la forme prêtée aux clochers. Si l'on entre dans l'église, on se
trouve transporté dans une basilique latine,
laissant apercevoir des réminiscences des
arts pseudo-normands de Sicile. Les gens curieux et qui veulent se rendre compte de

tout ne comprennent pas trop comment ces
charpentes apparentes à l'intérieur s'arran-
gent avec la forme des toits visible à l'extérieur; mais ce sont là des détails sur lesquels
il faut se garder de s'appesantir aujour-
d'hui. Flandrin a couvert les murs de cette
basilique, au-dessus des latéraux, de deux
immenses compositions en forme de frise
qui sont certainement ce que cet artiste
éminent a laissé de plus parfait. Ces belles
pages, qui à elles seules immortaliseraient
leur auteur, gagneraient beaucoup si l'architecte ou l'artiste chargé de la décoration
de la basilique n'avait pas abusé des tons
jaune-abricot. Ce malencontreux fond jaune,
que l'on retrouve partout, a l'inconvénient,
même pour ceux qui aiment cette couleur,
de ne s'harmoniser avec aucune autre. Flandrin, qui ne peut passer pour un coloriste,
a fait, on le reconnaît, des efforts considérables pour combattre cette influence du
jaune, mais n'a pu la vaincre entièrement.

SAINTE-CLOTILDE

Cependant et quels que fussent les mérites
de ces deux dernières églises, on renonça
bientôt à la basilique latine. L'édilité parisienne, poussée par un courant des esprits
qui inclinait alors vers les monuments du
moyen âge, voulut construire une église
gothique. On se mit à l'œuvre, et Sainte-
Clotilde sortit de terre. Élevée après force
tâtonnements et sans tenir compte de ce
qui donne aux monuments du moyen âge
une physionomie originale, le mode de
structure, cette tentative ne fournit qu'un
pastiche pâle des édifices religieux imités
de notre architecture de l'Ile-de-France, de
Champagne et de Picardie. On trouva ingénieux d'aller chercher des modèles dans les

édifices gothiques du Rhin, plutôt que de
recourir à nos églises de Paris, de Chartres,
d'Amiens ou de Reims. Nul n'est prophète
en son pays, pas même. les monuments.
Nous en avons la preuve à Paris, du moins
pour ce qui touche aux églises modernes.
La tentative vers le *gothique* avortée, l'anar-
chie fut maîtresse en fait de monuments
religieux; aussi n'essayerons-nous pas de
décrire tous ceux qui s'élevèrent en ces derniers temps, et qui sont à peine terminés.
Byzantin , roman , renaissance , romain ,
voûtes, plafonds, systèmes en fer, construction de pierre et de brique, flèches aiguës,
coupoles, combles et terrasses. etc., tout se
rencontre dans ces œuvres, tout, si ce n'est
certainement l'unité de pensée. Tous les
goûts peuvent y trouver leur compte. Il
n'est pas douteux que ces églises, élevées
avec luxe d'ailleurs, remplissent exactement
le programme et qu'elles satisfont pleinement aux exigences compliquées du culte

actuel. Nous aurions tort d'en demander davantage, et nous devons laisser à la postérité le soin de décider si elles représentent exactement une époque brillante de l'art, un état transitoire, une renaissance ou une décadence.

ÉGLISE DE SAINT-DENIS [1]

L'ancienne abbatiale de Saint-Denis a subi les contre-coups des événements politiques de notre histoire. Fondée après le martyre de saint Denis et de ses compagnons, tour à tour ruinée, reconstruite, dévastée, agrandie, centre de richesses considérables amassées

(1) Afin de ne pas scinder le remarquable travail de M. Viollet-le-Duc, on a placé à la suite des églises de Paris la notice sur l'antique église abbatiale de la ville de Saint-Denis qui est devenue aujourd'hui presque un faubourg de Paris.

par la piété des rois, pillée, refaite entièrement à plusieurs reprises, assiégée, restaurée, mise à sac, mutilée, rassemblant ses
débris épars, elle nous laisse voir encore les
traces de sa splendeur passée et une réunion
de monuments incomparables.

On sait que sainte Geneviève s'occupa de
reconstruire la chapelle élevée sur le lieu où
les corps des saints martyrs avaient été
ensevelis par Catulle, pieuse femme qui, dit
la légende, assista saint Denis dans sa prison
et recueillit son corps. Vers l'an 630, Dagobert voulut donner à ce temple une splendeur nouvelle. A la place de l'église de
Sainte-Geneviève, il éleva une basilique
assez vaste dont nous avons retrouvé les
parties inférieures vers l'entrée actuelle du
sanctuaire. Le roi Pépin, au VIIIᵉ siècle,
réédifia cette basilique qui tombait en ruines.
De ces deux dernières églises, il ne reste
que quelques tronçons de colonnes et des
chapiteaux en marbre replacés dans les

cryptes au XII⁰ siècle; une quatrième reconstruction fut entreprise pendant le XI⁰ siècle,
ainsi que le prouvent les restes de la crypte
centrale sous le sanctuaire, qui appartiennent
à cette époque. L'abbé Suger, en 1137, s'occupa de rebâtir en totalité l'église de son
abbaye, devenue trop petite pour le nombre
des fidèles qui s'y rendaient de fort loin. Il
commença par la façade occidentale, mit la
main à l'œuvre absidale et entreprit la nef
que peut-être il n'eut pas le temps d'achever.

Des monuments antérieurs, l'illustre abbé
ne conserva, comme nous venons de le dire,
qu'une partie de la crypte centrale et quelques
fragments de marbre, colonnes et chapiteaux
carlovingiens. D'ailleurs, il mit les plus grands
soins à décorer le nouveau monument de
verrières splendides, d'autels, de clôtures
de bronze et d'ivoire, de pavés en mosaïque et d'objets mobiliers d'une grande
valeur. De ces richesses, il ne nous reste
que quatre verrières, d'une incomparable

beauté (1), des débris de pavages et quelques pièces du trésor, déposées aujourd'hui au Musée du Louvre.

Malheureusement, Suger ne surveilla pas les fondations de son édifice avec toute l'attention qu'exige ce genre de travaux; ce qui est plus vraisemblable, pressé de jouir et ne voulant pas enfouir des sommes considérables dans ces œuvres inférieures, il les fit faire précipitamment et avec parcimonie.

En 1219, la foudre mit le feu à la flèche en charpente qui couronnait la tour septentrionale de la façade. Le dégât paraît s'être étendu au-dessus du narthex de l'église de Suger; et, en 1230, la nef et le transsept, qui comptaient moins d'un siècle d'existence, menaçaient ruine, probablement à cause de la mauvaise qualité des fondations. L'abbé

(1) Les verrières, dues à Suger, sont placées dans les fenêtres des chapelles absidales. Deux sont entières et n'ont besoin que de restaurations partielles, les deux autres ne sont que des fragments complétés en ces derniers temps.

ÉGLISE ABBATIALE, A SAINT-DENIS

Eudes Clément remplaça la charpente détruite de la tour septentrionale par une flèche en pierre, il reconstruisit la partie interne du sanctuaire, en conservant les collatéraux et chapelles absidales de l'église de Suger, il éleva le transsept et une partie de la nef actuelle, qui ne fut achevée, en raccordement avec le narthex du XIIe siècle, que par son successeur, Mathieu de Vendôme.

Pendant les premières années du XIVe siècle, on ajouta des chapelles aux bas-côtés nord de la nef, entre les contreforts du XIIIe siècle, et après le mort de Charles V une chapelle fut élevée du côté du midi, le long du mur oriental du transsept. L'église ne fut plus modifiée jusqu'à la Révolution de 1792.

Depuis Dagobert, les rois français étaient ensevelis dans l'église abbatiale (1). On com-

(1) Des sarcophages mérovingiens et carlovingiens ont été trouvés en assez grand nombre au dessous du pavé de la basilique de Dagobert.

prend que ces changements successifs avaient
dû dégrader et peut-être détruire entièrement
la plupart des monuments élevés sur les sépultures royales, en admettant que ces sépultures fussent surmontées de tombeaux. Quoi
qu'il en fût, saint Louis voulut donner aux
sépultures de ses prédécesseurs un aspect
monumental. Il fit donc élever d'abord, à la
gauche du maître-autel, au bas du sanctuaire,
un mausolée au roi Dagobert, sous lequel
furent placés les restes de ce prince, ainsi
que les ossements de la reine Nauthilde, sa
femme, et de son fils Sigebert. Puis, des deux
côtés du chœur des religieux, c'est-à-dire
dans le transsept, en prolongement des piliers de la nef, Louis IX éleva des tombeaux,
avec effigies, aux princes et princesses dont
voici les noms : Pépin et Berthe, sa femme,
Louis et Carloman, Clovis II et Charles Mar-
tel, Eudes et Hugues Capet, Robert le Pieux
et Constance d'Arles, Henri Ier et Louis VI,
Constance de Castille, seconde femme de

Louis VII, et Philippe, fils aîné de Louis VI,
Carloman, roi d'Austrasie, et Hermintrude,
première femme de Charles le Chauve. Quant
au tombeau de ce prince, qui datait des premières années du XIIIᵉ siècle, il était en
bronze et placé au milieu du chœur des religieux. Depuis lors, tous les rois, jusqu'à
Henri II, eurent leur monument à Saint-Denis. La reine Catherine, sa femme, avait fait
commencer une belle rotonde, d'après les
projets de Philibert de l'Orme, dans le terrain voisin du croisillon nord de l'église abbatiale, pour y placer le magnifique mausolée élevé pour son époux et pour elle (1).
Mais la reine Catherine, qui commençait beaucoup d'entreprises sans en achever aucune,
laissa la construction à moitié de sa hauteur.
Toutefois, le mausolée y fut déposé; c'est

(1) Ce monument fut démoli par ordre du régent au
commencement du dernier siècle. Les colonnes qui
entourent la pièce d'eau dans le parc de Monceaux en
proviennent.

celui que l'on voit aujourd'hui dans la chapelle nord du transsept, et dont les statues
admirables sont dues à Germain Pilon. Il est
à croire qu'en vieillissant, Catherine de Médicis eut des scrupules à propos des statues
nues en marbre, dues au ciseau de Germain
Pilon, car elle en fit sculpter deux autres,
revêtues d'habits de parade, qui, déposées
seulement sur des matelas de bronze, ne
furent jamais substituées, heureusement, aux
chefs-d'œuvre de notre statuaire français.
Ainsi possédait-on à Saint-Denis les effigies
en double de Henri II et de la reine sa femme.
La statue vêtue de Catherine la représente
vieille, tandis que celle qui est couchée nue
sous le cénotaphe, nous la montre avec toutes
les grâces de la jeunesse. L'art italien de la
Renaissance n'égale pas la noble beauté de
ces deux statues de Germain Pilon, qui seraient bien autrement vantées et connues
si elles étaient placées dans quelque église
outre-monts.

Pendant la guerre civile entre les Armagnacs et les Bourguignons, l'abbaye eut fort à souffrir des deux partis, qui, tour à tour maîtres de la ville, ne se firent pas faute de rançonner les religieux et de disposer des trésors de la reine Isabeau de Bavière qu'ils avaient en garde. Toutefois, l'église et son trésor sacré furent respectés. En 1590, les huguenots, et surtout les ligueurs, enlevèrent de l'abbaye tout ce qu'ils purent trouver ayant de la valeur; mais assez à temps le trésor avait été déposé à Paris, dans l'église Sainte-Croix-de-la-Bretonnerie.

Depuis l'entrée de Henri IV à Paris et le couronnement de Marie de Médicis jusqu'à la fin du dernier siècle, l'abbaye jouit d'une paix profonde. Les abbés en profitèrent pour démolir les anciens bâtiments des moines et pour élever les gros logis affectés aujourd'hui à la Légion d'honneur; en prétendant restaurer l'église, ils firent disparaître de la vieille basilique quantité de monuments précieux, entre autres les portes de bronze données par Dagobert, des mosaïques de l'époque de Suger, les stalles du XIIIe siècle, le jubé du XIIe, conservé lors des reconstructions sous saint Louis, et l'autel des reliques, qui datait de la même époque. Ce premier acte de vandalisme fut suivi d'une véritable dévastation, en 1793.

Ce fut le 12 octobre de cette année (21 vendémiaire an II) que, par suite d'un décret de la Convention, l'on commença la profanation des tombeaux. Depuis Henri IV, aucun monument n'avait été élevé dans l'église. Les dépouilles des princes de la maison royale étaient déposées dans la crypte centrale, et ce caveau était si bien rempli, que le cercueil de Louis XV était sur les marches mêmes de la descente. Les violateurs, pour ne pas se donner la peine de remonter ces bières de plomb, firent un trou à l'extrémité de la crypte donnant dans le collatéral souterrain, et le premier cercueil qu'ils ouvrirent fut celui de Henri IV. Le corps du roi était si bien conservé, que les ouvriers employés à cette besogne hésitèrent à le jeter dans la fosse commune et le laissèrent exposé jusqu'au 14 après-midi, où chacun put le voir. L'ordre étant arrivé de ne faire aucune exception, les restes du roi Henri furent jetés avec les autres. Un procès-verbal, très détaillé de ces violations, a été dressé par D. Poirier, archiviste de l'abbaye. Cette pièce, écrite simplement, sans commentaires, est une des lectures les plus émouvantes qu'on puisse faire. Elle a été imprimée tout au long dans l'excellente *Monographie de Saint-Denis*, par M. le baron de Guilhermy. Les violateurs ne s'attachèrent pas seulement aux dépouilles des princes; les autels furent renversés, les verrières brisées.

En 1795, les plombs qui recouvraient les combles furent enlevés; mais, en septembre de la même année, de la tuile et des ardoises furent apportées de Paris pour préserver les voûtes. Alors, dans le croisillon nord, on avait élevé une sorte de *montagne* toute composée des débris ramassés dans l'église. Nous possédons un curieux croquis de Percier, fait sur place, en 1797, et qui montre cet amas étrange de monuments empilés confusément.

Cependant, dès l'année 1795, Alexandre Lenoir avait réclamé, au nom de la Commission des arts, pour le Musée des monuments français dont la formation avait été arrêtée par le gouvernement, tous les débris de Saint-Denis. Les statues qui existaient encore, des fragments d'autels, de pavages, de mosaïques, les monuments entiers de Dagobert, de Louis XII, de François Ier et de Henri II furent donc transportés morceaux par morceaux au Musée des Petits-Augustins(1), dans des fourgons d'artillerie. Alexandre Lenoir, secondé par quelques artistes et

(1) Actuellement École des beaux-arts.

entre autres par Percier, poursuivit la tâche qu'il s'était imposée, parfois au péril de sa vie, avec une persévérance et un zèle des plus louables. Et si le classement qu'il fit au Musée des monuments français prêtait fort à la critique, s'il fut cause de nombreuses erreurs dont les conséquences ont été quelquefois jusqu'au ridicule, il ne faut pas moins attacher à son nom un sentiment de reconnaissance éternelle pour avoir sauvé tant de chefs-d'œuvre d'une entière destruction.

Malheureusement, les tombeaux en bronze avaient été envoyés au creuset. Ces tombeaux sont ceux de Charles le Chauve, de Marguerite de Provence, du dauphin Charles, fils de Charles VI, de Bureau de la Rivière, du sire de Barbazan, de Louis de Pontoise, du roi Charles VIII, qui était tout couvert d'émaux, et du marquis de Saint-Maigrin. Les seules œuvres de métal conservées sont les six statues du tombeau de Henri II.

L'influence de l'église de Saint-Denis sur

les arts français est singulière. Le monument
de Suger est le premier qui ait été élevé
d'après le système de structure dite gothique,
et l'on sait quelle importance prit dans l'Ile-
de-France et bientôt dans tout le domaine
royal cet art, dont les principes, entièrement
nouveaux alors, devaient s'étendre sur tout
l'Occident. Saint-Denis, pendant la période
du moyen âge depuis le XIIIᵉ siècle et jusqu'à la Renaissance, fut, pour nos écoles de
statuaires, comme un lieu d'exposition per-
manente où l'on rassemblait leurs œuvres
les plus remarquables. Il y avait, dans cette
église, des échantillons de toutes nos anciennes industries d'art : bronzes merveilleux, grilles en fer forgé d'un travail précieux, mosaïques en pâtes de verre et en
terre cuite, vitraux incomparables, ouvrages
d'orfévrerie qui sont les plus belles pièces
du Musée du Louvre, cuirs gaufrés, émaux,
boiseries sculptées, pavages incrustés, appli-
cations de verres dorés, etc... Ces objets

remplissaient la vaste église à ce point que, malgré tant de dévastations, beaucoup ont pu reprendre leur place, et nous en possédons une quantité prodigieuse en magasins. Les objets sauvés de la ruine en 1795 formèrent le fond du Musée des monuments français. A son tour, et grâce à cet appoint, ce musée fut la cause première d'une réaction dans l'esprit du public.

Pendant que les artistes ne juraient que par le faux grec et le faux romain de l'école *davidique*, le public fréquentait assidûment le nouveau musée et prenait goût à ces objets d'art qu'il n'avait jamais songé à regarder, quand ils encombraient les églises et les châteaux. Déjà, en 1797, on pouvait prévoir le mouvement *romantique* qui se développa vingt-cinq ans plus tard. Sous le Consulat et pendant les quelques mois de paix qui permirent aux étrangers de visiter la France, le musée des Petits-Augustins attira particulièrement l'attention des touristes et, du musée, ceux-ci s'empressèrent d'aller voir les monuments abandonnés d'où ces trésors étaient tirés. L'abbatiale de Saint-Denis devint le pèlerinage pour les amateurs, et l'un d'eux, Kotzebue (1), nous a laissé ses impressions. « C'est, dit-il, en parlant du Musée des monuments français, une des curiosités les plus remarquables de Paris. » Puis, visitant l'église abbatiale en compagnie de Mme Récamier, il se livre, dans ses lettres, à des mouvements romantiques fort nouveaux alors et dont, depuis, on a trop abusé. « En entrant, écrit-il, ce vide immense, ce désert riche en décombres, habité seulement par des oiseaux de proie, et dans lequel on a placé des sacs de farine!... Nous trouvâmes là un vieux suisse... Il erre au milieu de ces ruines comme un fantôme... Il croyait revoir encore, à la place qu'ils avaient occupée, d'anciens monuments dont le souvenir a laissé

(1) *Souvenirs de Paris en* 1804, par A. Kotzebue. An. XIII (1805).

dans son âme une profonde impression...
Nous le suivîmes en descendant quelques
marches, et il nous conduisit dans un souterrain obscur... etc... » On voit naître dans
cette lettre de Kotzebue le jargon du premier romantisme *troubadour* et brumeux si
fort en vogue au commencement de la Restauration.

La pauvre église de Saint-Denis, dépos-
sédée de ses vitraux, laissant voir de tous
côtés des tombes bouleversées, à peine couverte, noire et moussue, se prêtait à ces des-
criptions sentimentales. On allait méditer sous
les *sombres arceaux*, soupirer dans les cryptes
dévastées... Mais le premier consul, devenu
empereur, et dont l'esprit, comme on sait,
n'avait point de tendances au romanesque,
prétendit rendre à la basilique son ancienne
splendeur. L'empereur voulait consacrer cette
église aux dynasties qui s'étaient succédé sur
le trône de France et en faire la sépulture
impériale.

Nous possédons le programme dressé en vue de l'exécution de ce projet; il est intéressant à plus d'un titre. Napoléon ne pensait pas à rendre à Saint-Denis tous les monuments transportés au Musée des monuments français, auquel d'ailleurs il portait un intérêt très vif, mais il eût voulu signaler le passage de tant de princes dans la vieille église par une série de statues, d'épitaphes; et sous cette inspiration, des travaux furent commencés. Malheureusement, ils ne répondirent pas à l'attente de l'empereur, qui, visitant au commencement de 1813 les ouvrages déjà faits, manifesta son mécontentement avec vivacité, au point que, dit-on, l'architecte en mourut de chagrin.

Un des premiers actes de la Restauration fut de détruire le musée des Petits-Augustins. Le gouvernement prétendit restituer à toutes les églises et châteaux dépouillés les restes recueillis par Alexandre Lenoir. Cette restitution fut un véritable pillage, comme on peut le croire, puisque la plupart de ces églises et châteaux n'existaient plus. Toutefois Saint-Denis reçut non-seulement ses tombeaux authentiques, mais un grand nombre d'autres monuments provenant des abbayes de Royaumont, de Maubuisson, des Jacobins, des Célestins de Paris, etc. De cette réunion on composa, dans les cryptes, le plus singulier mélange. Voulant présenter une suite non interrompue de rois et princes du sang par ordre chronologique, des statues furent baptisées à nouveau; d'un tombeau on en fit deux ou trois. D'un Charles V et d'une Jeanne de Bourbon qu'on possédait en double, on fit un saint Louis et une Marguerite de Provence, ce qui fut pour nos peintres d'histoire l'occasion de singulières méprises. Quelques personnages changèrent de tête, et l'on vit, par suite, chez tous les mouleurs de Paris, une certaine reine Nanthilde, femme de Dagobert, à laquelle on avait adapté la tête d'un jeune prince. S'il manquait un tombeau à la collection, on en composait un avec des fragments pris à des retables, à des autels, puis on posait là-dessus une statue inconnue, que l'on baptisait suivant le besoin. Cette méthode avait été déjà suivie (il faut le reconnaître) par Alexandre Lenoir dans son musée. C'est de cette façon qu'il composa le célèbre tombeau d'Héloïse et d'Abailard, aujourd'hui transféré au cimetière du Père-Lachaise. Ce tombeau, qui vit verser tant de larmes et pousser tant de soupirs, est fait avec des morceaux d'une arcature de l'église de Saint-Denis, des bas-reliefs provenant des monuments de Philippe et de Louis, frère et fils de saint Louis, des rosaces appartenant à la chapelle démolie de Saint-Germain-des-Prés, et deux statues, du XIVe siècle, de personnages inconnus. Aucun des malheureux monuments rendus à Saint-Denis ne reprit sa place. D'ailleurs le sol de l'église avait été exhaussé sans aucun motif raisonnable, et, de 1816 à 1846, 7,300,000 francs furent employés à mutiler la vieille église, à jeter le désordre dans tous les tombeaux, à la couvrir intérieurement de décorations en style gothique d'opéra-comique, et, en fin de compte, à la mettre à deux doigts de sa ruine complète. La flèche du XIIIe siècle s'écroulait; il fallut la démolir à la hâte pour éviter une catastrophe. Les piliers intérieurs, sapés à la base, s'écrasaient sous la charge; les tombeaux placés dans les cryptes pourrissaient; et cependant tout ce mal n'avait pas été stérile. La vieille église avait entretenu dans l'esprit du public le goût des arts français du moyen âge. On venait visiter ce qu'on appelait *les caveaux*, c'est-à-dire cet amas confus de tombeaux moisissant dans les cryptes. On venait visiter les œuvres incomparables de statuaire qu'elle renferme... Elle possédait encore, toute mutilée et déshonorée qu'elle était, cette influence qui lui semblait dévolue sur les arts depuis des siècles.

Depuis 1846, des travaux, entrepris avec de faibles ressources cette fois, ont permis de réparer les points menaçants, de retrouver les anciennes dispositions intérieures si intéressantes et de replacer les tombeaux là où ils étaient jadis en leur restituant leurs noms et leur décoration. On peut dès aujourd'hui se rendre compte de cet intérieur qui, par la valeur des chefs-d'œuvre qu'il abrite, est unique au monde. En effet, on compte à Saint-Denis une quarantaine de monuments de premier ordre (1), parmi lesquels il suffit de citer les tombeaux de Dagobert (XIII° siècle), ceux des prédécesseurs de saint Louis érigés par ce prince, les deux charmants mausolées de Philippe et de Louis, frère et fils de saint

(1) On voit à l'exposition des monuments historiques (Exposition universelle de 1867) le modèle en relief de ces tombeaux, exécuté par un habile sculpteur, M. Villeminot. Cet ensemble, qu'on peut embrasser d'un coup d'œil, fait comprendre l'importance des tombeaux de Saint-Denis sous le point de vue historique et artistique.

Louis; quelques belles statues en marbre du
XIVe siècle, notamment celles de Philippe le
Hardi et d'un comte d'Étampes, son petit-fils,
un véritable chef-d'œuvre; l'admirable statue
de Charles V, provenant des Célestins et dont
on avait fait un saint Louis. Les tombeaux
en cuivre émaillé et doré de Jean et de
Blanche, fils et fille de saint Louis, provenant de l'abbaye de Royaumont; le mausolée en marbre de Louis et de Charles
d'Orléans érigé par Louis XII, celui de ce
roi dont les détails sont si précieux; le tombeau de François Ier, une merveille, celui de
Henri II, dont les figures en marbre et en
bronze sont de Germain Pilon; un charmant
tombeau de Rénée de Longueville, petite-
fille de Dunois; le vase renfermant le cœur
de François Ier, une des conceptions les
meilleures de la Renaissance, dû à un sculpteur qui mériterait d'être plus connu, Pierre
Bontems. Mais il faudrait tout citer, et la
tombe de du Guesclin et les curieuses pla-

ques de Sainte-Catherine-du-Val-des-Écoliers, à Paris, qui représentent l'accomplissement du vœu fait, par les sergents d'armes, pendant la bataille de Bouvines, et qui furent gravées à l'époque où Charles V constitua, d'une manière définitive, la confrérie des sergents d'armes. Peu d'inscriptions sont plus simples et plus éloquentes que celles qui accompagnent ces deux plaques :

A LA PRIÈRE DES SERGENS D'ARMES
MONʳ SAINT LOYS FONDA CESTE EGLISE ET Y MIST LA PREMIÈRE
PIERRE ET FU POUR LA JOIE DE LA VICTOIRE
QUI FUT AU PONT DE BOUINES L'AN MIL. CC. ET XIII.
LES SERGENS DARMES POUR LE TEMPS
GARDOIENT LEDIT PONT ET VOUERENT QUE SI DIEU LEUR DONNOIT
VITTOIRE ILS FONDEROIENT
UNE ÉGLISE EN LHONNEUR DE MADAME SAINTE KATHERINE
ET AINSI FU IL.

Bien des travaux restent à faire à Saint-Denis. Les vitraux, sauf ceux qui appartiennent à l'église de Suger et qui garnissent les chapelles absidales, sont modernes et d'une laideur désespérante. Exécutés d'ailleurs en verre mince et mal mis en plomb, ils tombent par lambeaux, ce qui n'est pas à regretter. La façade, privée de sa flèche et odieusement plaquée de sculptures ridicules, demanderait une reconstruction totale.

L'ancienne crypte centrale renferme les corps des Bourbons morts en France pendant la Restauration, les restes de Louis XVI, de Marie-Antoinette, et des deux tantes du roi mortes en exil.

Un caveau, dont l'entrée est placée au milieu du transsept, est destiné à la sépulture de la dynastie régnante.

Nous ne saurions terminer cette notice sans rendre hommage aux soins du savant collaborateur qui a bien voulu nous aider dans la restitution délicate des tombeaux déposés à Saint-Denis. M. le baron de Guilhermy, historiographe du monument, a consacré des années à débrouiller avec nous l'étrange assemblage de ces tombes accumulées dans les cryptes, et dont beaucoup de fragments gisaient pêle-mêle dans les magasins. On peut recourir à la monographie que notre ingénieux et savant ami a publiée sur Saint-Denis, si l'on veut prendre une idée des richesses que renferme encore cette église.

LE PANTHÉON

LE PANTHÉON

I

IL y avait, en 450, une bergère de Nanterre qui prophétisait. A l'approche d'Attila, elle annonça que le Barbare ne toucherait pas à Paris. Les habitants, ne la voyant armée que de sa houlette, se crurent trahis et voulurent la lapider. Mais l'événement l'ayant confirmée, et la houlette s'étant trouvée plus forte que le marteau d'Attila, les Parisiens firent de la bergère leur sainte et leur patronne. Cette première Jeanne Darc qui échappa au bûcher s'appelait Geneviève.

Voilà la légende que l'architecte Soufflot fut chargé de vêtir de pierre au milieu du XVIIIᵉ siècle. La première pierre fut posée par Louis XV, en 1764, peu de jours après la mort de madame de Pompadour. Mais quel rapport y avait-il entre le Vᵉ et le XVIIIᵉ siècle, entre Attila et Louis XV, entre sainte Geneviève et madame de Pompadour, entre les Parisiens de Chilpéric et les Parisiens de l'*Encyclopédie?* Comment les accorder dans une même pensée? Était-ce bien le même peuple, la même foi? Par quel prodige trouver dans l'Art une formule assez ample, une courbe assez vaste pour comprendre dans un seul édifice les extrémités opposées des Temps, la barbarie et la civilisation raffinée, les Huns et les encyclopédistes, la crédulité et le scepticisme, la légende et la philosophie? L'architecture est-elle capable de donner à un peuple l'impression simultanée de son enfance et de sa virilité ?

Tel était le problème qui se présenta, lorsque l'esprit du XVIIIe siècle mit au concours le plan d'une église à ériger sous l'invocation de la bergère des Mérovingiens. A la solution de cette énigme était attachée la grandeur originale dans la conception du monument. Mais le problème presque impossible en lui-même l'était plus encore vers la fin du règne de Louis XV.

L'architecte Soufflot ne se préoccupa en rien de ce passé lointain. Comme tous les hommes de son temps, il prit exclusivement son point d'appui dans le monde abstrait. Ce qu'il a le plus oublié, c'est la *donnée* historique de l'édifice ; ce qui se montre le moins dans son monument, c'est la patronne et la sainte à laquelle il est érigé. Voilà une des raisons pour lesquelles ce monument ne touche pas à la première vue ; il ne se lie à aucun passé ; la vieille France en est absente.

Soufflot n'a pas bâti son édifice sur la légende. Il a vécu, en pleine lumière, non avec les chartes et les chroniques du moyen âge, mais avec Montesquieu, Rousseau, Buffon, Voltaire, ces quatre colonnes du siècle de l'esprit. La pensée de ces hommes pénètre partout dans son édifice. N'y cherchez pas les ténèbres volontaires des arceaux gothiques. Vous ne pouvez échapper à la curiosité de la raison. Tout le monument est immergé dans la lumière du XVIIIe siècle. Elle circule autour de la colonnade ; elle monte, elle scintille sous le dôme. Ce rayon obstiné de l'esprit vous accompagne jusque dans les tombeaux. Si le monument a un caractère c'est d'être bâti de lumière. Mais au milieu de cette clarté, où est l'autel du mystère ? Je n'en vois pas la place.

L'architecte ne s'est pas préoccupé des convenances et des nécessités du culte, plus que de la tradition. Ce qu'il a voulu, c'est lutter non de foi avec les siècles passés, mais d’audace avec les nouveaux. Aussi n’oubliez pas que c’est à Rome, en face du dôme de Michel-Ange, qu’il a conçu l’idée du dôme du Panthéon de Paris. Hé quoi! lutter d’audace avec Michel-Ange? Oui. Porter aussi haut que lui la coupole du Panthéon romain pour y abriter la pensée de tout un siècle, c’était l’ambition de chaque architecte, depuis que le dôme de Saint-Pierre s’était levé à l’horizon. Le XVe siècle ne s’était-il pas abrité tout entier sous la coupole de Sainte-Marie-des-Fleurs de Florence, le XVIe, sous celle de Saint-Pierre, et, plus tard, les trois îles d’Angleterre, sous le dôme de Saint-Paul de Londres? Soufflot a voulu donner une hospitalité de ce genre à la pensée de son siècle.

Il a même osé beaucoup plus. Car cette coupole hardie que Brunelleschi, Michel-Ange, Wren avaient assise sur de vastes massifs, Soufflot, avec la témérité ou la légèreté de son temps, a voulu l’appuyer seulement sur quatre colonnes. Elles ont fléchi, dit-on;

la force leur a manqué. Il a fallu leur porter secours, les raffermir par de lourds piliers. Pourtant l'édifice a résisté. Il est debout; et son second caractère est l'audace. Ajoutons : c'est une audace heureuse.

Si l'architecte se fût souvenu de sainte Geneviève, peut-être eût-il gardé quelque chose de l'humilité des anciennes églises romanes. Peut-être eût-on revu le porche d'une vieille basilique. De modestes dômes romans, retenus encore près de terre, s'essayant à monter, eussent précédé et annoncé la coupole maîtresse.

J'eusse aimé, pour ma part, à voir pour ornements, sur les murailles, la houlette et la quenouille de Geneviève mariées au marteau d'Attila. Mais non ! Dès les premiers pas, vous entrez dans les splendeurs corinthiennes.

Voyez ce péristyle. Est-ce bien ici le seuil d'une bergère ? Que ferait-elle aux pieds de ces colonnes orgueilleuses ? Si encore elle pouvait se réfugier dans leurs cannelures,

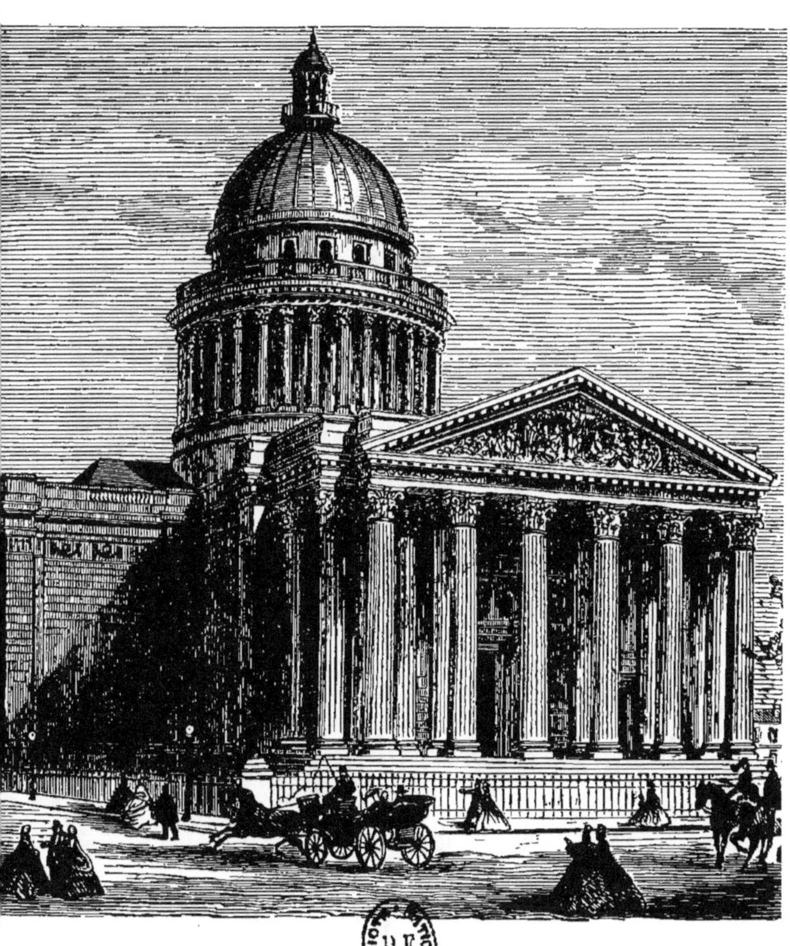

LE PANTHÉON

comme dans le tronc crevassé d'un vieil arbre !
Qu'a-t-elle besoin du luxe de ce portique
pour filer ici les destinées de la France ? Où
placer là en esprit sa bergerie et sa hutte ?
Qu'a-t-elle besoin de cette colonnade dans
la nue ? Ces voûtes sont-elles faites pour les
cantiques d'une gardeuse de brebis ? Elles
semblent bien plutôt résonner des échos
des derniers chants d'un Tyrtée ou, peut-être
encore, d'une Marseillaise.

Non, ce n'est pas ici la maison d'une
bergère. Qu'a donc fait l'architecte ? A quel
Dieu a-t-il élevé ces colonnes et ce dôme ?
Est-ce un temple de la Nature, ou de la
Science ou de l'Esprit ? Personne ne répondit
à cette question, tant que dura la France de
l'ancien régime. Le monument de sainte
Geneviève resta une énigme dont l'architecte lui-même ignora le secret. Personne
ne put dire quel était le Dieu inconnu auquel
avait été érigé le nouvel autel. Après avoir
disputé quelques temps sur la témérité de

la coupole de Soufflot, on cessa d'en parler. Le XVIIIe siècle allait finir; et le monument le plus important qu'il ait élevé, ne s'adaptant à aucune des convenances du temps, resta étranger à la vieille France, qui acheva de passer à ses pieds sans le regarder ni le comprendre. Son nom n'est mêlé à aucun des actes de l'ancienne monarchie. Placé au-dessus de Paris, relégué au loin, dans un faubourg, près des murs, on eût dit d'un temple perdu dans le désert.

Qui donc révéla le sens de cette énigme de pierre? Qui lui donna son vrai nom? La Révolution française. Pour cela il fallut la mort de Mirabeau. Le 4 avril 1791, l'Assemblée constituante, en face de ce grand mort, eut une inspiration magnanime. Elle chercha autour d'elle où déposer les restes tièdes encore de son orateur. Elle leva les yeux vers la montagne de Geneviève; avec la sûreté de l'esprit héroïque, elle découvrit que cette église est un temple de la gloire.

L'enthousiasme lui tint lieu du sentiment
de l'art. Elle vit ce qui avait échappé à l'architecte lui-même, qu'il avait préparé
d'avance une demeure aux morts illustres
que devait évoquer une divinité jusque-là
inconnue, la Liberté. Dans un transport
civique, elle baptisa le monument, qui parut
pour la première fois recevoir une âme et
un sens. Elle l'appela le Panthéon.

Dès lors, tout s'expliqua, sitôt que l'église
devint un temple de renommée. Voilà donc
pourquoi cette vaste enceinte nue ressemblait
à un forum. C'est la place où se réunira le
peuple pour rendre son jugement sur les
morts. Voilà pourquoi cette colonnade portait
si haut ses splendeurs ; pourquoi la coupole
se dressait comme une couronne sur la tête
de Paris. Ne voyez-vous pas qu'il s'agit ici
de l'apothéose, non d'une bergère, mais de
la France, de la Patrie, sous la figure des
grands hommes qui vont surgir au souffle
du monde nouveau ? Ce que l'on avait blâmé

comme un luxe superflu pour la prophétesse
de Nanterre, ne devenait-il pas nécessaire
pour glorifier les hommes de gloire ? Y avait-il
des colonnes assez hautes, des chapiteaux
assez fiers, des guirlandes assez riches pour
célébrer ceux à qui la patrie terrestre devait
des honneurs terrestres ? Les défauts que
l'on avait trouvés dans l'église devenaient
autant de beautés dans le Panthéon.

Pour en prendre possession, on y porta
Mirabeau. Il devait être le premier habitant
de ce palais de la gloire humaine. Et qui n'eût
cru, en effet, que cet homme puissant allait
s'en emparer pour toujours ? Qui jamais
entrera, comme lui, tout vivant dans l'immortalité ? Quelles acclamations sur son passage ! Quel cortège d'une nation entière !
Mirabeau sera le premier hôte de ces sépul-
cres ; il inaugurera le Panthéon. Qu'il y
dorme en paix, confiant dans la liberté
conquise et dans la postérité ! Tout un peuple
veillera à jamais sur ses restes.

C'est ainsi que la France voyait alors
l'avenir. Au moment où la Constituante jeta
la dernière couronne sur Mirabeau, elle
croyait voir s'avancer après lui une longue
succession de grands citoyens encore inconnus, qui devaient, en leur temps, être
apportés et rangés sous ces voûtes. Elle se
figurait que la plus noble ambition des générations à venir serait d'avoir une place dans
ces catacombes de la France nouvelle. Chacun
se sentant disposé à mourir avec joie pour
sa cause, ne trouvait rien de plus beau que
de préparer à la mort un splendide édifice ;
mort que chacun se représentait alors
héroïque, sereine, chargée des guirlandes et
des bénédictions du monde. C'est dans cet
élan d'héroïsme vers l'avenir que la Constituante acheva de donner son esprit au
Panthéon par ces mots :

Aux grands hommes, la patrie reconnaissante.

Illusion ! chimère ! rêve qui n'a duré qu'un

jour, je le sais ; mais je n'en vois pas qui
marque mieux l'élévation des esprits, à cette
première heure de la régénération de la
France. Rien ne semblait plus simple que
d'évoquer d'illustres descendants , qui ne
pouvaient manquer de surgir de se disputer
bientôt l'entrée de ces tombeaux. La flétris-
sure était alors si loin des cœurs ! On se croyait
si sûr de former une postérité héroïque.
La plus belle récompense devait être une
place choisie. dans la mort. Les grandes
époques croient facilement aux grands hommes ; les petites ne croient volontiers qu'aux
petites gens. Aux caveaux délaissés des rois
de Saint-Denis, on opposait une nécropole
de grands citoyens.

La principale beauté du Panthéon, c'est
d'avoir Paris à ses pieds et d'être ainsi en
spectacle permanent au peuple. Ceci n'avait
pas échappé aux hommes de la Révolution.
Consacrer un Panthéon, n'était pas à leurs
yeux une œuvre de vanité politique. C'était

un monument pour l'éducation d'une nation
par l'exemple de ses morts illustres. De tous
les côtés de la ville, les yeux se tourneraient
vers les tombes populaires qui renfermeraient
l'âme éternellement vivante de la France.
Les morts y trouveraient leur récompense et
les vivants leur voie vers l'avenir. A l'entrée
de la Révolution se dressait ce grand phare
éclatant de la mort pour éclairer le chemin.
La demeure des grands hommes serait pour
le peuple fourmillant à leurs pieds un en-
couragement, un espoir, et, s'il le fallait aussi,
un remords.

II

Mais qu'entendait la Constituante par ce
mot : les grands hommes? Emportée vers
l'avenir, elle eût admis dans son Panthéon
bien peu des hommes de l'ancien régime.
Au risque d'être injuste envers la vieille

France, elle n'eût admis, je crois, que quelques hommes de paix et de science : L'Hospital, Descartes, Fénelon, pour ne pas renier ce passé jusque dans ceux qui ont les premiers travaillé à le détruire. Je doute qu'elle se fût inquiétée beaucoup de se trouver des ancêtres. Son temps lui eût suffi. Ce qu'elle voulait, c'était bien moins glorifier le passé qu'évoquer l'avenir.

Suivant l'esprit de 89, quels étaient les hommes envers qui la patrie devait être reconnaissante ? J'essayerai de le dire.

Il est frappant que, dans notre siècle, on a classé les plantes, les animaux, suivant certains caractères généraux ; on a établi une échelle d'organisation, d'après laquelle on les range dans un ordre qui paraît être celui de la nature même. Mais les grands hommes ? qui nous en donnera une classification exacte ? Où est le Linnée qui nous dira suivant quel ordre nous devons les placer, quels sont parmi eux les premiers et les derniers ? Ne consultez que les temps de décadence, le choix est bientôt fait. Pour ces temps-là, le plus fort est le meilleur. Toute gloire est bonne qui éblouit; tout homme est grand qui asservit les hommes.

Telle n'eût point été la réponse de 89. La Constituante, si on lui eût fait la question, eût classé les grands hommes d'après la justice qu'ils ont fait entrer dans le monde. Elle eût placé le plus haut celui qui a représenté le mieux l'idée du Droit, de la conscience universelle, celui qui l'a le mieux défendue par ses actes; après lui, les hommes de lumière, ceux qui ont découvert par la philosophie des vérités nouvelles, dans la société d'abord, puis dans la nature; après eux, les hommes qui ont été l'ornement de leur siècle par l'art et par la poésie. La Constituante, toute à la politique, ne leur eût donné, je crois, à la manière de Platon, que le troisième rang. Quant aux hommes de bruit, aux hommes d'épée, sans caractère civil, elle avait

si peu de goût pour eux ou plutôt tant
d'aversion, que je crains bien qu'elle n'en
eût admis qu'un petit nombre dans son
monument, qui devait être avant tout le monument de la liberté et de l'humanité.

Voilà aussi le seul point par où la Révolution, à son origine, eût pu s'entendre avec
sainte Geneviève. C'est la houlette désarmée
de la bergère qui a vaincu Attila. De même
ici après treize siècles. Qui a repoussé le
barbare avec une houlette, je veux dire avec
une idée, avec une vérité nouvelle, avec une
parole, avec une philosophie désarmée,
celui-là a droit de bourgeoisie éternelle sous
les voûtes du Panthéon de la Constituante.

Ainsi, elle en eût ouvert les portes toutes
grandes à quiconque représente le bien,
le vrai, le beau. Infailliblement, elle les eût
fermées à qui s'est servi de sa gloire pour
opprimer; elle les eût fermées à qui représente exclusivement la force triomphante,
sachant bien que les peuples n'ont pas besoin

d'apprendre à l'adorer. Elle tenait que ceux qui ont usé de la force en ont presque toujours abusé, que d'ailleurs, avides et impatients de domination, ils ont eu leur récompense de leur vivant. En les excluant du Panthéon de la France nouvelle, elle eût voulu que les pierres portassent témoignage de l'esprit nouveau, dans lequel l'épée doit céder à la pensée. Dans l'opinion de ce temps-là, le dôme et le cloître militaire des Invalides appartenaient aux hommes de guerre. Qu'ils laissent aux hommes de paix le temple de la paix.

Dans les anciens monuments, un reste de barbarie est de donner la première place aux conquérants. Ici, l'originalité, la nouveauté eût été de les exclure pour ne laisser paraître que la gloire de ceux qui ont tout fait avec rien, c'est-à-dire avec l'esprit. Et quelle leçon pour un peuple toujours amoureux du plus fort, que ce dédain de la force et ce culte du bon droit dans le faible ! Par là, c'eût été le monument de l'ère moderne, comme la comprenaient et l'appelaient les Français, à cette première aube de la Justice.

Si cette défiance de la Constituante contre la force ouverte a été justifiée ou condamnée par les événements, la postérité le dira ; mais il faut louer le sculpteur David d'avoir compris dans son fronton l'intention première des fondateurs du Panthéon. Parmi les hommes illustres qu'il a choisis pour représenter le monde nouveau dans son bas-relief, presque tous sont désarmés et appartiennent à l'ordre civil. Je ne vois ici qu'une seule épée. S'il n'en eût mis aucune, la leçon eût été plus parlante.

III

Après Mirabeau, quels sont ceux auxquels la Constituante a décerné le Panthéon ? Entre tous les hommes de l'ancienne France qui a-t-elle choisi pour lui servir de compagnon ?

Par ce jugement, elle va achever de marquer
le caractère qu'elle veut donner à son édifice.
Est-ce l'autorité politique au prix de la justice
et du sang? Est-ce la tyrannie du génie?
Est-ce la toute-puissance des armes qu'elle
veut introniser ici? Est-ce Richelieu? Est-ce
Turenne? Est-ce Condé? Est-ce Charlemagne?
Non. C'est d'abord Voltaire, puis J.-J. Rousseau. Voilà le sceau de lumière qu'elle donne
au Panthéon; cette fois, l'empreinte est si
bien marquée, qu'il sera désormais impossible
de la lui enlever.

Le 10 juillet 1791, les restes de Voltaire,
cachés jusque-là dans un cimetière de cam-
pagne, sont portés au Panthéon. N'était-ce
pas l'esprit même du XVIIIᵉ siècle et de la
civilisation moderne qui allait prendre possession de son temple? Ce char antique, sur
ses roues de bronze, attelé des douze che-
vaux blancs du char de la lumière, ce cortège
d'hommes vêtus à la romaine montraient un
dernier effort pour se dérober aux passions

présentes. Ce n'était plus la simplicité tragique du convoi de Mirabeau. Les esprits étaient remplis de la fuite du roi et du retour lamentable de Varennes. La seconde fête de la fédération devait être célébrée dans trois jours. Entre ces tragédies, Paris se donna tout un long jour de sérénité radieuse en suivant *l'Apothéose* de Voltaire, parmi les *masques scéniques*. On fit faire à sa statue une première station sur les ruines de la Bastille. Toute la ville semblait dire : « Vois, comme nous t'avons vengé ! » Moment unique où la Révolution française, apaisée et confiante, s'éclaira subitement du sourire de Voltaire. Le bon sens, la raison, la justesse, la modération dans le triomphe, se communiquaient à tous. Le regard de Voltaire dissipa pour un jour les incertitudes, les anxiétés, les colères, même les terreurs. On se sentait si sûr de vaincre, ayant pour soi un tel otage de la vérité et de l'immortalité !

Tout autre fut le triomphe ajourné de Rousseau. Il n'arriva au Panthéon que le 11 octobre 1794. Mais dans l'intervalle tant de choses s'étaient passées! Cet espace de trois ans renfermait tout un siècle. Les restes de Marat (qui croirait que la réaction se couvrit un moment de cette apothéose?) s'étaient montrés sous ces voûtes; ils en avaient chassé ceux de Mirabeau, pris en flagrant délit posthume de connivence avec la cour. Maintenant, J.-J. Rousseau apparaissait comme la purification après les profanations. Mais qu'il y avait loin de là à la foi des premiers temps! On avait appris à douter des plus grands. On craignait que la mort ne conservât encore quelque secret terrible qui déconcertât les apothéoses. Cependant, le moyen de douter de Voltaire et de Rousseau! Après l'orage, ils restaient là, tous deux réconciliés, hôtes immortels de la Révolution dont ils gardaient l'enceinte. Ils étaient seuls, après le grand tumulte. Mais ils suffisaient à remplir le Panthéon. Qui pourrait jamais les en arracher?

La Révolution était finie; du moins, on le croyait, et personne, pourtant, ne demandait pour aucun des chefs de la Révolution l'entrée de son monument. Encore moins eût-on osé demander que les chefs de partis opposés fussent couchés les uns à côté des autres, sur le même lit de pierre. On eût craint que les morts ne se réveillassent et que la bataille ne recommençât entre eux. Soit modestie, soit haine, la Révolution, qui avait élevé un monument aux grands hommes, laissait à l'avenir le soin de le peupler. Il restait comme une pierre d'attente; il représentait l'espérance lointaine, le bonheur ajourné, ou plutôt la religion civile qui devait être le couronnement et la fin de la vie publique.

Monument de Janus, au double visage, l'un tourné vers le passé, l'autre vers l'avenir, il change de nom suivant la différence des temps! Regardez! Église ou temple, Sainte-Geneviève ou Panthéon, il pourrait à lui seul dire si la Révolution est vaincue ou victorieuse.

L'Empire parut l'avoir oublié; puis tout à coup Napoléon y fit entrer l'un de ses plus vaillants généraux, Lannes. Si la nation eût été consultée, elle lui eût donné pour compagnons de tente, Hoche, Kléber, Marceau, Joubert. Lannes resta seul à son tour et comme dépaysé dans ce séjour de la paix. D'ailleurs, que pouvaient devenir des honneurs funèbres qui ne dépendaient plus que de la faveur et de l'amitié du prince? En mêlant à Voltaire et à Rousseau des dignitaires obscurs, sans lendemain, on ôta bientôt au Panthéon son auréole. Le nom lui resta, la pensée en fut retirée. Ce ne fut plus ni Sainte-Geneviève ni le Panthéon, mais une chose sans âme, tombée en désuétude, sépulcre vide d'une révolution morte.

Cela ne suffit pas à la Restauration; et ici,

comme ailleurs, la franchise de ses haines la trompa ! C'est elle qui, en rendant au Panthéon le nom de l'ancien régime, lui rendit sa signification politique et civile. Le peuple, idolâtre des mots, recommença à s'attacher à ces pierres, dès qu'il vit comme elles lui étaient disputées. En ôtant l'inscription : « Aux grands hommes », la Restauration parut vouloir ôter jusqu'à l'espérance. Quand elle eût pu si bien se couvrir de ces mots, elle aima mieux les tourner contre elle. Heureuse que l'on n'ait pas su alors jusqu'où elle poussait la fureur de se perdre.

Elle osa ouvrir les tombeaux de Voltaire et de Rousseau, en piller les restes, en remplir des sacs, les jeter au loin, je ne sais dans quel égout, près de la Seine. Représailles des sépultures royales et des spectres dispersés de Saint-Denis. Que serait-il arrivé si nous l'eussions surprise en flagrant délit, la main dans ces tombeaux ? Mais, avec un reste de prudence que l'on n'aurait pas imaginée dans

ses témérités, elle avait choisi la nuit pour
cette œuvre de nuit. Le secret de cette victoire clandestine sur des ossements fut si
bien gardé, qu'il n'a été révélé que de nos
jours et au milieu de l'indifférence à laquelle
nous nous sommes accoutumés. Les tombeaux ont continué à être visités trente ans
après qu'ils étaient vides. Ce secret, cette
peur, ce silence, cette nuit, voilà notre excuse.
Vous ne pouvez, du moins, nous accuser
d'avoir laissé volontairement et sciemment
jeter aux vents les cendres de nos grands
hommes comme leurs idées.

IV

Ainsi a fini le beau rêve de la Constituante,
l'éducation morale d'un peuple dans la liberté
par le souvenir consacré des meilleurs. La
Constituante et la Convention ne voulaient

pas seulement des tombes cachées dans des souterrains ; elles voulaient des œuvres d'art, bas-reliefs, statues, fresques, tableaux, tout un ensemble de monuments décoratifs, qui eussent fait du Panthéon le Campo Santo, le Santa-Croce et le Westminster de la France. Et qui peut dire, par exemple, que le *Serment du Jeu de Paume*, par David, n'eût pas acquis un nouveau sens sous cette coupole ? J'eusse aimé à voir ici tant de serments jurés, solennels de tout un peuple. Taillés dans le marbre ou peints à la fresque sur les murailles, le vent ne les aurait pas emportés au premier souffle. Ils auraient duré plus d'un jour.

Cette manière sérieuse de concevoir la vie et de prendre la mort à témoin fut une des idées les plus grandes de la Révolution française. C'est aussi celle qui est le mieux anéantie, celle qui est le plus loin de nous, qui nous parle le moins, qui nous est le plus opposée, qui nous sépare le plus de 89, qui montre le mieux combien notre esprit est différent, et

de quelles hauteurs nous avons été préci-
pités.

Faire crédit à un être idéal, la Patrie, au
point d'accepter pour payement et loyer de
nos services la reconnaissance idéale de
générations à venir, qui voudrait aujourd'hui
de ce contrat? Qui pourrait seulement le concevoir? L'homme qui le proposerait, on l'ac-
cuserait d'être un mystique.

La pensée de porter notre vue au delà du
présent, de prendre notre levier dans le tombeau, de donner un aliment quelconque aux
belles actions par l'appât d'une noble mort,
de chercher une raison de vivre au delà de
la vie, dans l'émulation des grandes choses
et l'ambition du sépulcre, ces idées et toutes
celles de ce genre sont extirpées de l'âme
humaine, au moment où je parle. Il est même
difficile de les rendre de manière à les faire
sentir, tant elles nous sont devenues étrangères et hostiles! Notre langue actuelle se
refuse à les exprimer. Oui, ces idées-là sont

mortes, je le reconnais, je l'avoue. Mais êtes-vous bien sûrs qu'elles ne renaîtront jamais?

Quoi! vraiment? deux tombes spoliées et vides, des restes jetés à tous les vents! Est-ce là tout ce que la France peut faire pour ses grands morts? La « Patrie reconnaissante », n'est-ce qu'une sépulcrale ironie? Pourquoi donc n'aurions-nous pas, à notre tour, notre Westminster et notre Campo Santo? La France n'a pas comme les Pisans, rapporté sur ses vaisseaux de la terre du saint sépulcre. Cela est vrai. Mais, n'a-t-elle pas soulevé assez de noble poussière dans le monde pour enterrer dignement ses héros ?

Et qui donc se plaindrait de voir sainte Geneviève donner la main à Jeanne Darc, L'Hospital à Turgot, Descartes à Montesquieu, Voltaire à Rousseau, Hoche à Vauban, Buffon à Laplace, à Cuvier, à Geoffroy Saint-Hilaire? Quelles processions de nouvelles panathénées ne serait-ce pas que les siècles et les temps

réconciliés entre eux sur ces murailles, par
l'entremise des grandes figures qui, en dépit
de nous, ne périront point? Il y aurait au
moins une pierre, un nom, pour ceux qui,
sans avoir obtenu la gloire, ont mérité un
souvenir. Voyez comme l'indifférence en-
traîne et dégrade tout de nos jours, les
hommes et les choses! Peut-être, à aucune
époque du monde, pareille faculté d'oublier
pour être oublié n'a été donnée aux générations.

Dira-t-on que notre passion de l'égalité
est si grande, que nous sommes envieux des
tombeaux, et que c'est la raison pour laquelle
la conscience publique a si mal protégé ses
hôtes du Panthéon? Vous ne pouvez le dire,
puisque au contraire partout s'érigent obs-
curément, à des hommes obscurs, des statues,
des bustes, encouragés bien souvent par la
vanité ou la complaisance municipale. Mais
ne serait-il pas à propos que les plus grands
au moins et les meilleurs fussent réunis et

rapprochés quelque part, comme dans la conscience publique? Il ne nous serait pas inutile, je crois, de les entendre ici converser entre eux du bord d'un siècle à l'autre.

Pensez-vous que Galilée ne gagne rien à se trouver près de Dante, Machiavel près de Michel-Ange, dans Santa-Croce; et Fox près de Pitt, Shéridan près de lord Chatham, dans Westminster? Ces amitiés dans le marbre et dans la mort ne disent-elles rien aux vivants? Pour moi je l'avoue, je serais prêt à user de clémence envers Mirabeau. Je croirais que ses restes ont été assez châtiés d'une proscription de soixante-treize ans dans l'égout de Clamart. Je consentirais à le rétablir dans sa demeure funèbre. Seulement, je lui infligerais pour supplice d'avoir à perpétuité sous ses yeux la figure de la conscience et de l'intégrité dans son adversaire et son juge, La Fayette.

Il ne me déplairait pas de voir madame Roland à côté de madame de Staël. J'aimerais à rencontrer Arago s'entretenant avec Condorcet et Lavoisier, ou, de nouveau Chateaubriand entre ses deux amis de la dernière heure, Lamennais et Béranger. Je pousserais plus loin encore la tolérance envers ceux qui ont servi la liberté, la dignité humaine et donner un exemple de ce que nous avons le plus oublié, le courage civil. Je souffrirais volontiers Malesherbes entre Vergniaud, Manuel et le général Foy. Je n'oublierais pas les écrivains qui ont honoré la presse dans le combat de chaque jour; car j'ai appris ce que devient une nation quand ils se taisent, et je graverais avec amitié le nom de Carrel à côté de celui de Paul-Louis Courier. Je me souviendrais aussi que lorsque nous portions à bras la bière de Benjamin Constant, j'entendis un long cri s'élever : « au Panthéon ! » Je ne lui refuserais pas la place qui a été donnée à Shéridan.

Quant à ceux qui ont versé à flots le sang humain, même avec de justes colères, même sans le vouloir, même sous le coup de la fatalité antique, qu'en ferez-vous? Ici, l'antiquité répond pour moi. Que ceux-là ne dépassent pas ce seuil. Ils ressemblent à Oreste. Ils sont destinés, comme lui, à errer autour des degrés du temple, sans pouvoir y entrer.

Jamais l'art n'aurait eu un plus noble but. Il s'agirait de ressusciter l'âme engourdie, enténébrée d'un peuple. Le ciseau et le pinceau feraient peut-être le miracle qui semble refusé à la plume et à la parole humaine. Un peintre (1), d'un talent sévère, avait consacré sa vie à un projet de ce genre. Il avait osé peindre la Bible tout humaine de ce Vatican renié de la liberté civile. Où sont ses tableaux? Où sont les scènes dans lesquelles revivaient, dit-on, les principales époques d'affranchissement de l'esprit moderne, comme une préparation au travail et

(1) M. Chenavard.

au vœu de la Constituante? Est-ce une fatalité que ces murailles rejettent jusqu'aux offrandes de la liberté dans l'art?

Je sais qu'il faut que le temps ordonne lui-même ses Panthéons et que l'on ne peut improviser l'immortalité. Mais, Dieu merci! la France n'est pas d'hier. Elle a vécu assez pour pouvoir passer au crible les noms illustres, et discerner ceux qui lui ont été ou utiles ou funestes. Que risquerait-elle à commencer au moins ses justices par ceux qui nous dominent de loin et sont étrangers à nos temps? Qu'a-t-on fait de Descartes? Rapporté par grâce à Saint-Germain-des-Prés, il attend encore son éloge funèbre qui lui a été refusé. Où est le monument de Montesquieu? Où est celui de Buffon? On ne se commettrait pas trop à faire ici réparation à leurs mémoires.

A quoi bon, direz-vous? Ces gloires-là sont hors de notre horizon d'aujourd'hui. Elles se passent de nous, et le présent seul nous intéresse. Il s'agit des hommes qui ont vécu depuis la Révolution française ou qui l'ont préparée. Voilà ceux qu'il s'agit de juger. Et qui en fera le discernement? Pour l'essayer, il faudrait que leur œuvre fût consommée. Car, tout morts qu'ils sont pour nous, ils sont encore dans la mêlée; ils continuent de combattre et de haïr. Et puis, où ramasser leurs os? Ils ont été si bien dispersés à tous les vents!

Allez, cherchez ceux de Mirabeau, de Condorcet, de madame Roland. Essayez de retrouver ceux de Voltaire et de Rousseau. Qu'en a-t-on fait? Nous ne savons. D'ailleurs, qui nous assure qu'Agrippa d'Aubigné à Genève, Bayle en Hollande, Carnot à Magdebourg, madame de Staël à Coppet, ne préfèrent pas leurs tombes de proscrits à des justices funèbres qui se sont fait trop attendre? Peut-être nous diraient-ils : « Il est trop tard! » Et si nous ne pouvons les apporter ici, où serait la sanction du monument? Où

serait le respect? Vain projet de diviniser
l'humanité. Elle se rit de son culte. Qui donc
commanderait ici le silence et la piété des
morts, si les morts sont absents ? Craignez
que l'on ne prenne, sans eux, leurs sépultures
pour un musée.

Voilà l'objection principale. C'est au temps
à venir d'y répondre. Pour moi, je la constate et je me tais. Car, tout ce que j'aurais à
dire suppose un premier Panthéon, un édifice moral, celui de la conscience, de la patrie
idéale, de la liberté politique dans le cœur et
la maison de chaque homme. Les colonnes
en seraient vivantes et n'auraient besoin ni
de piliers ni de mains de fer pour se soutenir
dans la nue. Tant que cet édifice n'existe pas
dans l'intérieur de chaque Français, ne son-
geons pas à rouvrir la maison commune de
la gloire civile et de l'immortalité. Aussi longtemps qu'il est de dogme, dans la conscience
humaine, que le plus fort seul a raison, un
Panthéon est impossible. Il est bien sûr qu'il

resterait vide, même rempli jusqu'au faîte d'un peuple de marbre. Que serviraient, dites-moi, des hommes de pierre à des hommes de pierre? Les morts sont patients; qu'ils attendent.

NOTES ET RENSEIGNEMENTS

NOTES

ET RENSEIGNEMENTS

Otre-Dame contenait autrefois un grand nombre de monuments funéraires d'évêques ou archevêques de Paris, de princes, de magistrats, de personnages éminents. Presque tous ces monuments ont été détruits lors des *embellissements* exécutés sous Louis XIV et Louis XV.

On ne voit aujourd'hui, dans la cathédrale, que l'épitaphe de l'archevêque Christophe de Beaumont, mort en 1781, et les mausolées du maréchal duc d'Harcourt, mort en 1769, com-

position de mauvais goût, mais bien exécutée
par Pigalle ; des archevêques Leclerc de Juigné,
mort en 1804; de Belloi, mort en 1808, et de
l'archevêque Affre, tué aux journées de Juin 1848,
monument construit par M. Debay.

On remarque, appliquée à la tour du nord,
une pierre tombale du XV⁰ siècle, provenant
de la sépulture d'Étienne Yver, conseiller au
parlement, pierre remarquable par la diversité
et la bizarrerie des sujets qui y sont représentés.

En 1711, une crypte, destinée à recevoir les
cercueils des archevêques, fut creusée sous le
cœur et amena la découverte de l'antique autel
de Jupiter qui se voit au musée des Thermes.
En 1766, une autre crypte plus étendue fut
creusée sous la nef pour la sépulture des chanoines. ·

Les boiseries du chœur sont une œuvre élégante et curieuse du XVIIᵉ siècle ; le lutrin
en bronze, de 1735, a été fondu par Duplessis.
Le buffet d'orgues est du XVIIIᵉ siècle ; les
fonts baptismaux sont en bronze et refaits
depuis peu, sur les dessins de M. Viollet-le-Duc,
par MM. Villeminot et Bachelet.

Le pourtour du chœur était autrefois décoré
de grands tableaux appelés les *Maïs* de Notre-

Dame, parce que, chaque année au mois de mai, la corporation des orfèvres offrait un tableau à l'église métropolitaine. Ces tableaux, dont plusieurs sont remarquables, ont été récemment transférés au Louvre, où ils sont mieux en vue.

Dans la tour septentrionale de Notre-Dame est placée la célèbre cloche dite *le bourdon*, fondue en 1685, baptisée sous les noms d'Emmanuel-Louise-Thérèse, et pesant 13,000 kilogrammes. Cette masse énorme, qu'un mécanisme ingénieux met facilement en branle, sonne pour les grandes solennités religieuses ou publiques, et quelquefois aussi pour les révolutions.

Du pied des tours de Notre-Dame, comme d'une immense pierre milliaire, sont comptées les distances itinéraires sur les grandes routes partant de Paris.

On monte aux tours par une petite porte ouverte dans la paroi nord de la tour septentrionale, on paye une rétribution de vingt centimes par personne.

L'ARCHEVÊCHÉ (autrefois l'évêché), s'élevait au midi de l'église. Il eut longtemps l'aspect d'un château fort, avec tours et murailles crénelées. A la fin du siècle dernier c'était un ensemble de constructions datant de diverses

époques. C'est dans la grande salle de l'évêché
que l'Assemblée nationale tint ses séances,
lorsqu'elle vint siéger à Paris, après les 5 et 6 octobre, et en attendant que la salle du Manège,
près des Tuileries, fût appropriée à ses séances.
Une partie des bâtiments avait été construite,
ainsi que la sacristie de Notre-Dame, au siècle
dernier, par Soufflot. Saccagé à la suite de
la démonstration faite par les légitimistes à
Saint-Germain-l'Auxerrois, le 13 février 1831,
l'archevêché fut démoli peu après.

Aujourd'hui l'archevêque réside provisoirement à l'HOTEL DU CHATELET, rue de Grenelle-
Saint-Germain, 129.

Notre-Dame était autrefois entourée, du côté
du nord, d'un groupe d'habitations qu'on
appelait le *cloître* et qui comprenait plusieurs
rues dont les extrémités étaient garnies de portes
qui se fermaient la nuit. Le cloître servait exclusivement à la résidence des chanoines. Une
partie de ces vieilles maisons subsiste encore
dans les rues du Cloître-Notre-Dame, des
Chantres, Chanoinesse et des Marmousets.
Boileau a demeuré rue du Cloître, d'abord chez
le chanoine Émery Dreux, puis chez l'abbé
Lenoir, où il est mort.

La façade de Notre-Dame a un développement de 40 mètres; l'église a 130 mètres de longueur intérieure, sur 48 de largeur et 35 de hauteur; les tours s'élèvent à 68 mètres au-dessus du sol du Parvis. Le chœur est long de 28 mètres et large de 12. La longueur des deux transsepts est de 48 mètres.

La porte centrale de la façade s'appelle *porte du Jugement*, celle de la tour du nord *porte de la Vierge*, celle de la tour du midi *porte Sainte-Anne*, celle du transsept méridional *porte Saint-Marcel*, celle du transsept septentrional *porte du Cloître*, une autre petite porte voisine *porte Rouge*.

Métropole du diocèse de Paris, Notre-Dame n'est pas la métropole de la France; l'archevêque de Paris n'a aucune suprématie sur les autres évêques de France. L'évêché de Paris n'a été érigé en archevêché que dans l'année 1622. Mais, en acquérant un titre hiérarchiquement plus élevé, le chef du diocèse de Paris a perdu beaucoup de son ancienne importance. Si l'on veut connaître quelles étaient les possessions, l'autorité, les prérogatives, les droits féodaux de l'Église de Paris et de l'évêque au moyen âge, alors que le roi de France était tenu de

prêter son épaule pour porter la litière épiscopale le jour de l'intronisation du prélat, il faut
lire la très curieuse *Introduction* dont M. Guérard
a fait précéder le *Cartulaire de Notre-Dame de
Paris.*

De même, pour faire revivre la cathédrale
du moyen âge, il faut lire le beau roman de
Victor Hugo, *Notre-Dame de Paris.*

Avant la Révolution, le chapitre de Notre-
Dame avait un revenu de 180,000 livres, non
compris les maisons canoniales (1). Ce chapitre
avait deux juridictions indépendantes de l'archevêque, l'une spirituelle, qui était exercée
par un official, un promoteur et un greffier;
l'autre temporelle qu'exerçaient un bailli, un
procureur fiscal et un greffier.

Quatre autres chapitres de Paris, ceux de
Saint-Merri, du Saint-Sépulcre, de Saint-Benoît
et de Saint-Étienne-des-Grès, relevaient du
Chapitre métropolitain et s'appelaient *les Filles
de Notre-Dame,* de même que les chapitres de

______

(1) Le chiffre du revenu des églises et monastères est
tiré de la seconde édition de l'*Histoire du diocèse de
Paris,* de l'abbé Lebeuf, publié par M. Hippe Cocheris,
qui a relevé ce renseignement sur les déclarations of-
ficielles conservées aux Archives.

Saint-Marcel, Saint-Honoré, Sainte-Opportune
et Saint-Germain-l'Auxerrois, relevant de l'archevêque, étaient appelés *les Filles de l'archevêché*.

Notre-Dame possédait autrefois un *trésor*
contenant un grand nombre d'objets précieux
que la Révolution envoya à la Monnaie. Depuis,
on a essayé de reconstituer un nouveau trésor,
qui est placé dans l'édifice de la sacristie et où
l'on montre, entre autres choses, la couronne
d'épines rapportée par saint Louis, du bois
de la vraie croix, la croix d'or de Manuel
Comnène, etc. La sacristie, construite dans le
style du XIIIᵉ siècle, à peu près sur la place de
celle qu'avait bâtie Soufflot, est l'œuvre de
MM. Viollet-le-Duc et Lassus. Pendant la Révolution, la commune de Paris fit quelque temps
de Notre-Dame le *Temple de la Raison*.

Les ferrures garnissant les vantaux des portes
de Notre-Dame ont une certaine célébrité : la
légende les attribue simplement au démon;
quelques savants en font honneur à un serrurier
du nom de Biscornet, dont l'existence n'est pas
prouvée, ce qui n'a pas empêché l'édilité parisienne de donner son nom à une rue de Paris,
située à deux ou trois kilomètres de Notre-Dame.

Il y avait autrefois, près de Notre-Dame, à l'entrée du Cloître, une petite église de forme ronde, dédiée à saint Jean et appelée *Saint-Jean-le-Rond.* Cette église, qui datait du XIIIe siècle et était le baptistère de la cathédrale, fut démolie en 1748. C'est à la porte de cette église que fut déposé l'enfant qui devint plus tard *Jean-le-Rond d'Alembert.*

A la démolition de Saint-Jean, le service de cette église fut transféré dans une autre petite église, bâtie au XIIe siècle derrière Notre-Dame, et qui s'appelait *Saint-Denis-du-Pas,* parce que, dédiée à saint Denis, elle était séparée de la métropole par un *pas* ou passage. Elle prit dès lors le titre de *Saint-Denis-du-Pas et Saint-Jean;* on l'a démolie en 1813.

L'Abbaye-aux-Bois est l'église d'un monastère des *Annonciades des dix Vertus de Notre-Dame,* fondé en 1640 et qui fut vendu, dix ans plus tard, à des religieuses de la *Franche abbaye de Notre-Dame-des-Bois,* en Champagne, que les désastres de la guerre avaient forcées de se réfugier à Compiègne, d'où elles vinrent à Paris. Anne d'Autriche leur facilita l'acquisition de la maison des Annonciades. Les fugitives ne songeaient d'abord qu'à une installation temporaire en attendant que leur monastère de Champagne fût réparé. Il arriva, au contraire, que celui-ci fut détruit par un incendie. Les religieuses se décidèrent alors à ne plus quitter Paris et donnèrent à l'ancien couvent des Annonciades le nom d'*Abbaye de Notre-Dame-des-Bois*, qui devint, par abréviation, l'*Abbaye-aux-Bois*.

La chapelle actuelle date de 1718 ; la première pierre en fut posée par la duchesse d'Orléans.

En 1790, l'Abbaye-aux-Bois avait un revenu de plus de 50,000 livres et n'en dépensait qu'un peu plus de 20,000.

Le couvent, supprimé et vendu, servit d'habitation. En 1803, l'église devint succursale de Saint-Thomas d'Aquin.

En 1827, dans une partie de l'ancien couvent, s'établit une communauté de chanoinesses de Saint-Augustin. C'est dans un appartement de cette communauté que, de 1814 à 1849, madame Récamier tint un petit cénacle littéraire dont Chateaubriand était le pontife, dont les principaux initiés étaient Ballanche, Benjamin-Constant, J.-J. Ampère et quelques autres écrivains. Ce cénacle exerça longtemps une grande influence sur les élections de l'Aca-

démie française. Madame Récamier est morte
à l'Abbaye-aux-Bois, le 11 mai 1849.

L'église de l'Abbaye-aux-Bois n'a rien de
curieux.

Le Sacré-Cœur (V. pl. p. 185). A côté de l'é-
glise Saint-Pierre, sur la butte Montmartre, à
l'endroit même où Napoléon Ier, en 1809, avait
conçu d'élever le *temple de la paix*, se construit aujourd'hui l'église du Sacré-Cœur.

Le 24 juillet 1873, après une discussion qui
occupa deux séances, l'Assemblée nationale en
avait autorisé l'érection par 382 voix contre 138,
sur 520 votants.

Cette même année, des travaux préparatoires
commencés dès 1872 avaient permis de procéder
à la pose solennelle de la première pierre; mais,
pour diverses raisons — deux principalement —
les travaux sont relativement peu avancés. En
premier lieu, cette église s'élève uniquement
au moyen de quêtes, de souscriptions, d'offrandes volontaires, en dehors de toute sub-
vention du gouvernement ou d'une municipalité
quelconque; d'autre part, il a fallu vaincre
de sérieuses difficultés pour asseoir l'édifice sur
des bases solides. On en aura une idée quand on

saura que les fondations se composent de 83 puits de 33 mètres de profondeur sur 4^m,50 de diamètre en moyenne, remplis de maçonnerie et reliés entre eux par des arcs en pierre de taille.

Des 25 millions, chiffre auquel est évaluée la dépense totale, la moitié, fournie par trois millions et demi de souscripteurs est déjà absorbée actuellement à peu près en totalité. Et cependant les grands échafauds n'ont été complétés qu'à la fin de 1882 sur les deux façades longitudinales.

La construction du Sacré-Cœur est confiée à Abadie qui, en 1873, conjointement avec 78 architectes de Paris et de la province, prit part à un concours à la suite duquel ses plans obtinrent la préférence. A cette époque, Abadie était déjà connu par d'habiles restaurations; aujourd'hui il fait partie de l'Institut. Ses plans permettent de préjuger que cette église sera un monument grandiose de style roman bysantin; elle sera surmontée d'un dôme derrière lequel s'élèvera un clocher.

SAINT-AMBROISE, boulevard du Prince-Eugène, est l'ancienne église du couvent des *Annonciades du Saint-Esprit*, venues de Bourges à Paris, installées d'abord rue de Sèvres, d'où, ayant cédé leur monastère aux religieuses de l'Abbaye-des-Bois, elles allèrent occuper, en 1654, une maison située rue Popincourt et dans laquelle les calvinistes avaient tenu des réunions que le connétable de Montmorency vint disperser en faisant jeter les bancs au feu, ce qui lui valut le nom de *capitaine Brûle-Bancs*. Les Annonciades achetèrent des terrains voisins, élevèrent des bâtiments et construisirent une église en 1659, sous le vocable de *Notre-Dame-de-Protection*.

En 1791, cette église fut érigée en paroisse sous le titre de Saint-Ambroise. Restaurée et agrandie en 1818, par M. Golde, Saint-Ambroise est, en ce moment, l'objet de nouveaux travaux d'agrandissement et de reconstruction dirigés par M. Ballu.

SAINT-ANDRÉ est une église provisoire assez étrangement installée en 1852 dans un local qui servait précédemment à un bal public, et situé cité d'Antin. Cette église n'en a pas moins un revenu d'environ 40,000 francs.

La Cité d'Antin a été formée sur l'emplacement

de l'hôtel de madame de Montesson, qu'occupait, en 1810, l'ambassadeur d'Autriche M. de Schwartzemberg, dont la femme périt si tragiquement dans l'incendie qui se déclara pendant le bal donné, par l'ambassadeur, à l'occasion du mariage de Napoléon avec Marie-Louise.

L'ANNONCIATION de Passy, rue de l'Église (XVIe arrondissement), de construction toute récente, était la paroisse de la commune de Passy, réunie à Paris en 1860.

SAINT-ANTOINE. — Le titre de cette paroisse qui est encore à construire, est provisoirement donné à l'église de l'*Hospice des Quinze-Vingts* (Voir cet hospice).

La cure est de 2e classe.

L'ASSOMPTION était l'église du couvent des *Filles de l'Assomption* ou *Haudriettes*, ainsi nommées en souvenir de Jean Haudry, fondateur de leur monastère originaire. Elles avaient été établies par le cardinal de La Rochefoucauld, en 1622, rue Saint-Honoré, et elles firent construire, en 1670, l'église qui subsiste encore, sur les dessins d'Érard. La coupole a été peinte par Lafosse, qui y a représenté l'*Assomption de la Vierge*. L'église possédait autrefois des tableaux de maîtres du XVIIIe siècle, qu'elle n'a plus.

En 1790, le couvent avait un peu plus de 50,000 francs de revenus et dépensait un peu plus de 52,000 francs.

Sur les terrains de ce monastère, devenu propriété nationale, on a ouvert la rue Mondovi, une partie de la rue du Mont-Thabor, et prolongé la rue de Luxembourg. Une partie des bâtiments, qui subsistent encore, a servi de caserne et est aujourd'hui une dépendance du ministère des Finances.

Lors du rétablissement officiel du culte, l'Assomption fut désignée pour le service de la paroisse de la Madeleine. Depuis que l'église de la Madeleine a été ouverte, l'Assomption n'est plus une église et sert de chapelle pour les catéchismes.

Les almanachs du temps de la Révolution indiquent la demeure de Robespierre en face de l'Assomption. La maison qu'habitait le célèbre tribun a été détruite pour l'ouverture de la rue Duphot.

Saint-Augustin, boulevard Malesherbes, était

ÉGLISE DU SACRÉ-CŒUR, A MONTMARTRE (V. p. 180)

d'abord une chétive église en planches, bâtie, en
1851, sur la place Laborde.

L'église Saint-Augustin, construite de 1860
à 1868, est l'œuvre de *Baltard*. Elle est édifiée
sur un espèce de rond-point situé aux deux tiers
du boulevard Malesherbes, non loin du parc
Monceaux, et présente l'aspect d'un triangle
irrégulier, à la base duquel prend naissance un
dôme d'une hauteur de 50 mètres sur 25 mètres de diamètre, entouré de quatre tourelles
à coupoles et surmonté d'une élégante lanterne. Aussi l'édifice, imposant dans son ensemble, est cependant loin d'être lourd, et
sa masse, relativement isolée, se détache assez
vigoureusement sur les hautes maisons qui
l'avoisinent. Des statues y sont répandues à
profusion : ici, des prophètes et des docteurs
de l'église qui garnissent les piliers ; là, le Christ
et les apôtres dans une sorte de galerie soutenue
par les trois arcades du portail ; enfin une rosace
et un pignon triangulaire complètent l'organisation extérieure.

A l'intérieur, cette église se distingue des
autres par l'absence de bas côtés. A gauche et
à droite, simplement des chapelles, étroites
d'abord et qui vont s'élargissant vers le chœur ;

au-dessus, des tribunes s'étendant jusque sous la coupole ; au milieu, la nef, avec un plafond bombé soutenu par des arcades en fer à jour et par des colonnes de fonte que terminent des anges. La crypte est recouverte en partie par le maître-autel, et des chapelles dédiées à saint Augustin et à saint Jean-Baptiste viennent terminer le transsept : c'est le peintre *Bouguereau* qui les a décorées. Dans la coupole, *Signol* a peint des médaillons représentant les Évangélistes, et dans la chapelle de la Vierge *Brissot* a fait deux grandes compositions : *l'Adoration des Bergers et la Présentation au temple*. Quant aux vitraux, ils sont de *Maréchal* et de *Lavergne*.

L'église Saint-Augustin est d'un style roman modernisé.

SAINT-BERNARD, rue Affre (XVIIIᵉ arrondissement) est, malgré sa physionomie ogivale, une église toute moderne, toute récente même, car elle a été construite de 1858 à 1861, sur les plans de M. Magne. A défaut d'originalité, cet édifice a du moins une élégance qui manque à d'autres églises contemporaines plus importantes et plus en évidence.

Peintures (chapelle de la Vierge) : *Marie chez*

Sainte-Anne, Annonciation, par M. Lousteau ; — *Adoration des bergers, Ascension*, par M. Marguerie. — Peintures murales par M. Franz Petro.

Chemin de la croix (sculpture), par M. Pascal.

Le sommet de la flèche est à 60 mètres du sol.

L'église des Carmes, dédiée à Saint-Joseph, rue de Vaugirard, 70, est l'ancienne église du couvent des Carmes dits *déchaux* ou *déchaussés*, parce qu'ils marchaient pieds nus. Ce couvent fut fondé en 1611, par deux carmes venus d'Italie, auquel Nicolas Vivian, maître des comptes, donna, rue de Vaugirard, un terrain où se trouvait une salle ayant servi au prêche des calvinistes et dont les carmes firent une chapelle. Un peu plus tard ayant prospéré, ils bâtirent une autre chapelle qui, devenue insuffisante, fut remplacée par l'église actuelle, dont Marie de Médicis posa la première pierre en 1613.

Les bâtiments conventuels datent de la même époque.

L'église des Carmes renfermait une *Vierge* de Raggi, qui est aujourd'hui dans la chapelle de la Vierge à Notre-Dame.

En 1790, le monastère des Carmes possédait

environ 115,000 livres de revenus, et avait un peu plus de 50,000 livres de dépense. Il y avait une bibliothèque de 12,000 volumes.

En 1792, le monastère ayant été supprimé, l'église fut transformée en prison où furent enfermés un grand nombre de prêtres. Presque tous ont été massacrés aux journées de septembre. On a conservé avec un soin minutieux les traces de sang restées en différents endroits, notamment dans un petit oratoire situé dans le jardin et qu'on appelle maintenant chapelle des Martyrs. Les carmes qui étaient restés dans leur couvent furent respectés.

En 1793, on établit pendant quelques mois, dans les jardins de l'ancien couvent un bal dit *des Tilleuls*. Puis le monastère devint prison. Là ont été détenus : Joséphine de Beauharnais, Hoche, Santerre, le marquis de Soyecourt, etc., mais non pas les Girondins comme on l'a cru longtemps.

En 1797, tout le couvent fut vendu, et sur une partie des terrains a été ouverte la rue d'Assas.

Dans les années qui suivirent, le cloître et l'église furent rachetés par madame de Soyecourt, ancienne carmélite, fille du marquis de Soyecourt. En 1841, l'archevêque de Paris en fit l'acquisition, et y fonda l'*École des hautes études ecclésiastiques*, qui, en 1849, céda une partie de son local aux dominicains de Lacordaire.

Le peintre Liégeois Bartholet-Flamael a peint à fresque dans la coupole *Elie ravi au ciel*. Dans l'église, un monument funéraire contient le cœur de l'archevêque Affre, tué en juin 1848.

L'église des carmes est menacée de démolition pour le prolongement de la rue de Rennes.

Les Carmes déchaux ont inventé l'*Eau de mélisse*, dont la vente leur rapportait 20,000 livres par an.

LA SAINTE-CHAPELLE (V. pl. p. 193). En 1871, elle a heureusement échappé à la destruction, quoiqu'elle fût presque complètement environnée de bâtiments en feu. C'est, malgré ces petites dimensions, l'édifice gothique le plus élégant de Paris, un véritable bijou, malheureusement en partie caché par les autres constructions du palais. Elle mesure 35 m. de longueur et de hauteur sur 11 de largeur, et elle se compose de deux chapelles superposées.

La CHAPELLE BASSE, dans laquelle on entre d'abord, est à trois nefs. Elle servait aux domestiques de la cour. Il y a beaucoup de pierres tombales de chanoines de la Sainte-Chapelle. On monte par un escalier tournant à la

CHAPELLE HAUTE, qui était réservée à la cour. Elle ne forme qu'une seule nef d'une grande légèreté et de 20 m. d'élévation. Les murs sont percés de 15 fenêtres de 15 m. de haut sur 4 de large, entre lesquels il ne reste que la largeur des contreforts qui soutiennent tout l'édifice. Ces fenêtres sont garnies de superbes vitraux, aux couleurs splendides et encadrés dans d'élégants réseaux, qui datent en partie du temps de saint Louis et qui ont été restaurés de nos jours. Les sujets en sont surtout empruntés à la Bible. Ceux de la rosace, qui est seulement du XVe siècle, sont tirés de l'Apocalypse. Les murs sont couverts de décorations polychromes en harmonie avec ces vitraux. On remarquera aussi les statues des douze apôtres adossées aux piliers, un très bel autel également restauré, derrière lequel se voit le baldaquin gothique, en bois, où étaient les saintes reliques, et deux petits escaliers tournants en bois doré, dont l'un, celui de gauche, est du XIIIe siècle et l'autre moderne, mais dans le même style. On sort par le portail de l'église

LA SAINTE-CHAPELLE

haute, au-dessus duquel s'élève un beau pignon
flanqué de deux tourelles, et l'on passe à droite,
par une porte vitrée, dans le vestibule du
palais.

La CHAPELLE EXPIATOIRE, construite par
Louis XVIII, est destinée, comme le constate
l'inscription placée au-dessus de la porte, à consacrer le lieu où les dépouilles mortelles de
Louis XVI et deMarie-Antoinette avaient reposé
pendant vingt et un ans.

Le terrain qu'occupe cette chapelle avec
son jardin funéraire faisait partie de l'ancien
cimetière de la Madeleine où furent enterrés
Louis XVI, Marie-Antoinette et d'autres suppli-
ciés pendant la Révolution.

Cet édifice, commencé en 1816, ne fut terminé
qu'en 1826, sur les plans de Fontaine et Percier.

A l'intérieur de la chapelle on voit deux
groupes en marbre, *Louis XVI* par Bosio, et
Marie-Antoinette par Cortot.

Sous la chapelle est une crypte marquant
la place où ont été retrouvés les débris que l'on
croit avoir été ceux des corps du roi et de
la reine.

Le boulevard Haussmann, en bordure duquel

se trouve maintenant cette chapelle, lui fait perdre le caractère de funèbre solitude qu'elle avait primitivement.

SAINTE-CLOTILDE (V. pl. p. 201), place Bellechasse a changé de nom avant d'avoir été même commencée. En effet, la construction de cette église avait été décidée en 1829, pour remplacer l'église Sainte-Valère de la rue de Bourgogne ; elle devait être dédiée à saint Charles, patron du roi alors régnant. La Révolution de Juillet vint changer ces projets. On ne renonça point à construire l'église, mais on destitua le patron et on le remplaça par une patronne, qui devait être sainte Amélie mais qui, d'après le vœu de la reine Marie-Amélie, fut sainte Clotilde femme de Clovis.

Les travaux commencèrent seulement en 1840, sous la direction de M. Gau qui, étant mort avant de les avoir terminés, eut pour successeur M. Théodore Ballu. L'église ne fut livrée au culte qu'en 1857.

Sculptures : *Chemin de croix* par Duret et Pradier ; bas-reliefs du chœur par M. Guillaume.

Peintures murales par M. Lehmann.

Vitraux de MM. Maréchal, Amaury, Duval, Lusson, Hesse, Galimard, Jourdy.

L'église Sainte-Clotilde est bâtie sur un terrain provenant du couvent des Carmélites, fondé en 1664, rue du Bouloi puis transféré, en 1687, rue de Grenelle-Saint-Germain et supprimé en 1790. Les bâtiments servirent de caserne à la garde des consuls et ensuite de dépôt de fourrages. En 1828, l'ancien couvent fut vendu et détruit. Sur les terrains on a ouvert les rues Martignac, Casimir Périer, Champagny et construit Sainte-Clotilde.

En 1790, le monastère des Carmélites avait 62,235 livres de revenus et dépensait 18,764 livres.

SAINT-DENIS-DU-SAINT-SACREMENT, rue Turenne, a été construit de 1826 à 1835, sur l'emplacement du monastère des *Filles de l'Adoration du Saint-Sacrement*, fondé par des religieuses venues de Toul à Paris et que la duchesse d'Aiguillon installa dans l'hôtel Bouillon qu'elle avait acheté, hôtel où avait demeuré Turenne.

Le couvent a été démoli en 1826. Il possédait, en 1790, un peu plus de 10,000 livres de revenus, avec 5,000 livres de dépense.

L'église actuelle, construite d'après les plans de M. Godde, est décorée dans le fronton de la façade, d'un bas-relief de Feuchères, *la Foi*, *l'Espérance, la Charité*.

A l'intérieur, *Pieta*, par Eugène Delacroix ; tableaux d'Abel de Pujol, Court, Decaisne, Picot.

L'église Saint-Denis a un revenu de 33,000 francs.

SAINTE-ÉLISABETH, rue du Temple, près la rue de Turbigo, était l'église du couvent des *Filles de Sainte-Élisabeth*, fondé en 1614. Marie de Médicis posa, en 1620, la première pierre de cette église, qui fut achevée en 1630 et placée sous l'invocation de *Sainte-Élisabeth* de Hongrie, et sous le titre de Notre-Dame de Pitié.

En 1790, le monastère de Sainte-Élisabeth possédait un revenu de 31,786 livres 6 sous 2 deniers, avec des charges de 18,329 livres 16 sous.

Les bâtiments du monastère ont été en partie détruits pour l'ouverture de la rue Sainte-Élisabeth, puis pour celle de la rue de Turbigo.

L'église a été agrandie en 1826, puis réparée en 1831 et 1835.

Cuve baptismale du XVI⁰ siècle, en marbre blanc ; boiseries sculptées du XIV⁰ siècle. Orgue de Suret.

Porte principale : fronton par Pollet, statues de *Saint-Louis* et *Sainte-Eugénie*, par Calmels.

Tableaux : *Baptême de Jésus-Christ*, par Pérignon ; — *Jésus parmi les docteurs* par Lafon, — *Jésus bénit les enfants*, par Roger ; — *Sermon sur la montagne*, par Hesse ; — *Apothéose de sainte Élisabeth* (coupole du chœur), par Alaux ; — pourtour du chœur par Jourdy, Bozard, Bohn et Roger ; — Chapelles peintes par Roger, Gosse et Bozard.

Sainte-Élisabeth est la seconde succursale de Saint-Nicolas-des-Champs.

Saint Éloi, rue de Reuilly, est encore une église provisoire datant de 1856, où il n'y a rien à visiter.

Saint - Étienne - du - Mont , ainsi surnommée parce qu'elle est située sur la montagne Sainte-Geneviève, fut d'abord une chapelle édifiée au XIIIe siècle, pour le service paroissial des habitants de la montagne devenus si nombreux, que ce service ne pouvait plus se faire, comme précédemment, dans la crypte de l'abbaye Sainte-Geneviève. Mais la nouvelle chapelle resta sous la dépendance de la puissante abbaye, si bien qu'on n'y pouvait entrer qu'en passant par l'église abbatiale.

Saint-Étienne fut rebâtie de 1517 à 1624, mais, bien que dotée d'un portail dont la reine Marguerite posa la première pierre en 1620, elle demeura soumise à l'ancienne servitude, c'est-à-dire qu'elle communiquait avec l'église Sainte-Geneviève par une porte pratiquée dans la paroi méridionale et qui subsistait encore il y a trente ans lorsque l'église du monastère n'existait plus depuis le commencement du siècle.

Dans le cours du XVIIIᵉ siècle, l'intérieur de Saint-Étienne a été l'objet, comme d'autres églises, de restaurations qui ont altéré le caractère de l'enceinte du chœur Un architecte nommé Hivert voulut alors abattre le jubé, ainsi qu'on l'avait fait à Saint-Germain-l'Auxerrois. Ce projet fut repoussé.

La chaire est une œuvre remarquable de sculpture en bois exécutée par Lestocard, d'Arras, sur les dessins de Lahire.

Saint-Étienne, conserve de beaux vitraux peints par Pinaigrier, Jean Cousin et d'autres habiles artistes. Il y a aussi de curieux charniers, ornés de vitraux.

SAINTE-CLOTILDE (voir p. 196)

Cette église renferme le tombeau de sainte
Geneviève, transféré de l'ancienne abbaye et
placé dans une chapelle latérale. Ce tombeau
est vide. Il est accompagné d'une châsse contenant, dit-on, des reliques de la sainte, bien
que ces reliques aient été détruites en 1792
L'église du Panthéon possède aussi une châsse
et des reliques de la même sainte.

Chaque année, à partir du 3 janvier, jour de
la fête de sainte Geneviève les deux églises sont,
pendant neuf jours, visitées par de nombreux
pèlerins qui y brûlent nombre de cierges et y
apportent quantité d'offrandes. Une multitude
de petites boutiques où l'on vend des bibelots
religieux occupent la place qui s'étend devant
Saint-Étienne et qui s'appelle le *carré Sainte-
Geneviève.*

L'église Saint-Étienne contient plusieurs sépultures de personnages illustres : Eustache Le
Sueur, Blaise Pascal, Jean Racine, Antoine Le
Maistre et Le Maistre de Sacy, ces trois derniers
apportés de Port-Royal-des-Champs lorsque
Louis XIV fit détruire l'église et violer les tombeaux de ce monastère.

Derrière la chapelle de la Vierge était autrefois un petit cimetière où fut enterré le célèbre

botaniste Joseph Pitton de Tournefort, mort en
1708. Les restes de Marat, exilés du Panthéon,
furent déposés dans un autre cimetière qui se
trouvait au nord de la place.

En 1790, le curé de Saint-Étienne n'avait
pour revenu qu'un casuel qui, disait-il, dimi-
nuait tous les jours et ne dépassait pas 6,000
livres.

En 1795, cette église fut accordée aux Théophilanthropes, qui en firent le temple de la
Piété filiale.

Le 3 janvier 1857, à l'ouverture de la neu-
vaine de Sainte-Geneviève, l'archevêque Sibour
fut assassiné, dans l'intérieur de Saint-Étienne,
par un prêtre nommé Verger. L'église fut fermée durant quelques jours, puis purifiée avec
solennité. Cet événement est rappelé par une
inscription latine, gravée en caractères du
XIII⁰ siècle, comme si on avait voulu la rendre
aussi peu intelligible que possible.

On voit, dans une des chapelles latérales, un
groupe du *Christ au tombeau*, entouré de huit de
ses disciples, œuvre du XVIᵉ siècle, provenant
de l'ancienne église Saint-Benoît. Les figures
sont de grandeur naturelle. Le groupe est en
terre cuite.

Saint-Étienne a été récemment l'objet d'une complète restauration opérée avec soin. Le portail a reçu des statues de MM. Valette, Vital Dubray, Michel Pascal, Debay, Felon, Thomas, Millet, Schroder, Ramus et Hébert.

Tableaux : *Annonciation, Adoration des Mages, Visitation, la Fille de Jaïre*, par Caminade ; — *Prédication de saint Jean Baptiste, Baptême du Christ*, par Aligny ; — *Lapidation de saint Étienne*, par Abel de Pujol ; — *Vœu des échevins de Paris*, par Largilière ; — *Martyre de saint Étienne*, par Antoine Coypel ; — *Saint Vincent de Paul*, par Sébastien Bourdon ; — *Jugement dernier, Conversion et martyre de dix mille chrétiens*.

Saint-Étienne-du-Mont est église paroissiale de première classe.

Les revenus de la fabrique dépassent 45,000 francs.

Saint-Eugène, rue Sainte-Cécile, est une église toute récente, construite, en 1854, sur les plans et sous la direction de M. Boileau, qui y a employé la fonte de fer pour les colonettes intérieures. Cette église a remplacé le goût et le style par la profusion et la richesse du décor.

Saint-Eustache, place Saint-Eustache, près des Halles centrales, a été précédé d'une autre église qui, elle-même, avait remplacé la petite chapelle de Saint-Agnès. Cette première église fut, lors de l'invasion des Pastoureaux, la scène de violences sanglantes; plusieurs des prêtres furent massacrés. Au XVe siècle, pendant la domination de l'Anglais, la même église vit s'organiser dans ses murs la confrérie des Bouchers, qui domina Paris à force de terreur.

L'église actuelle, commencée en 1532, ne fut achevée qu'en 1642, moins le portail. Ce portail et une des tours qui l'accompagnent ne sont pas terminés. La chapelle de la Vierge date seulement des premières années du siècle actuel; on y voit une statue de la Vierge par Pigalle, provenant de l'église des Invalides.

Saint-Eustache renfermait de nombreuses sépultures, entre autres celles de Tourville, de Chevert, de Colbert, de Voiture, de Vaugelas, de Lamothe le Vayer, de Furetière, de Benserade, du peintre Lafosse, du maréchal de la Feuillade, du chancelier d'Armenonville.

Le mausolée de Colbert est toujours dans l'église. Les dessins en ont été faits par Lebrun; les statues sont de Coysevox et de Tuby.

En 1790, les revenus de la paroisse montaient à 33,848, et les charges étaient de 14,767 livres 8 sous 4 deniers. La communauté des prêtres possédait 32,352 livres 14 sous 3 deniers, avec 5,593 livres 9 sous 8 deniers de charges. Les biens destinés aux pauvres s'élevaient à 34,334 livres 11 sous 4 deniers.

Le 4 avril 1791, à huit heures du soir, les funérailles de Mirabeau ont été célébrées à Saint-Eustache, d'où le corps fut transporté au Panthéon.

En 1793 eut lieu à Saint-Eustache la fête de la Raison. En 1795, l'église fut concédée aux Théophilanthropes, qui en firent le temple de l'Agriculture.

Le 11 décembre 1844, les belles orgues de Saint-Eustache furent détruites par le feu. On les rétablit avec le produit d'une loterie. De 1846 à 1854, l'église a été complètement restaurée.

Tableaux : *Repos de la sainte Famille, Présentation au temple, Portement de croix, Crucifiement,* par Riésener; *Conversion* et *Martyre de saint Eustache,* par de Hénaff; *Construction de la Sainte-Chapelle, Saint Louis et les pestiférés, Mort de saint Louis,* par Pichon; chapelle de la

Vierge, par Couture ; *Assomption, Marins sauvés par les anges, Jeunes filles priant :* statue de la Vierge, par Pigalle ; provenant des Invalides ; *Adoration des Mages, Adoration des bergers, Guérison du lépreux,* par C. Vanloo ; *Saint Jean dans le désert, Disciples d'Emmaüs,* par Lagrenée ; *Mort de sainte Monique,* par Pallière ; *Baptême du Christ,* par Stella ; *Saint Louis reçoit le viatique,* par Doyen ; *Jésus dans le désert, Martyre de saint Eustache,* par Dechaux.

Lors des réparations de 1849, on a retrouvé dans plusieurs chapelles, sous le badigeon, des peintures murales du XVIIe siècle, qui ont été restaurées par MM. S. Cornu, Séchan, Basset. Des peintures ont été ajoutées par MM. Marquès, Gleize, Signol, Damery, Biennourry, Pils, Lazerges, Vauchelet, Larivière, Magimel et Goculier.

Saint-Eustache est cure de deuxième classe.

Saint-Ferdinand, grande-rue des Ternes (XVIIe arrondissement), est une église sans prétentions, construite par M. Lequeux en 1844, et qu'il ne faut pas confondre avec la chapelle funéraire de *Saint-Ferdinand,* élevée près de là, sur la route de la Révolte, à la place de la maison où mourut, le 12 juillet 1842, des suites d'une chute, le duc d'Orléans, fils aîné du roi Louis-Philippe.

SAINT-FRANÇOIS-XAVIER est l'église du séminaire des Missions étrangères, fondé en 1663 par Bernard de Sainte-Thérèse, évêque de Babylone, en souvenir duquel la rue qui borde cet établissement s'appelle rue de Babylone. Le séminaire eut d'abord une église dédiée à la *Sainte-Famille*, qui fut remplacée, en 1683, par celle qui subsiste encore.

En 1790, le séminaire avait 117,787 livres de revenus, et 53,718 livres de charges.

Sculptures : Bas-relief du maître-autel (*Foi, Espérance, Charité*), par Bernard.

Tableaux : *Jésus chassant les vendeurs du Temple, Lavement des pieds*, par Bon-Boullogné; — *Adoration de l'Enfant Jésus*, par Restout; — *Adoration des Mages,* par Couderc.

Cette église a été remise au séminaire et remplacée par une nouvelle église située boulevard des Invalides, près la rue de Babylone.

SAINT-GERMAIN-DE-CHARONNE , rue de Paris (XX⁰ arrondissement), est une église fort an-

cienne, car certaines parties remontent au XIII*,
au XII* et même au XI* siècle. Mais des remaniements ou des reconstructions faites à diverses époques en ont complètement dénaturé
le caractère primitif.

Le tableau du maître-autel n'a d'autre mérite
que de rappeler une légende locale d'après laquelle c'est à Charonne que saint Germain aurait reçu les vœux de sainte Geneviève.

Charonne, dont cette église était la paroisse, a
été annexé à Paris en 1860.

La cure est de première classe.

SAINT-GERMAIN-DES-PRÉS est l'église de l'ancienne et si célèbre abbaye Saint-Germain qu'on
appelait *des Prés*, parce qu'originairement elle
était située au milieu de *prés* dont la partie qui
s'étendait de l'abbaye à la Seine et vers l'ouest
a longtemps gardé le nom de *Pré aux Clercs*.

L'abbaye fut fondée, en 342 ou 343, par le
roi Childebert, d'après le conseil de saint Germain, qui fut, plus tard, évêque de Paris, pour
y déposer la tunique de saint Vincent et quelques autres objets précieux, butin d'une expédi-
tion faite en Espagne. Childebert fit aussi construire les bâtiments monastiques. Puis il mou-

rut, le jour même de la dédicace de l'église
(23 décembre 558), qui fut d'abord placée sous
l'invocation de la Sainte-Croix et de saint Vincent.

Saint Germain ne survécut pas longtemps à
Childebert, et fut enterré dans une des chapelles
de l'église. La voix publique attribua au tombeau
de l'évêque un si grand nombre de miracles et
de cures merveilleuses, que le nom de Saint-
Germain remplaça bientôt la dénomination primitive de l'église, et a fini par en devenir le seul
et unique titre.

Cette première église était décorée avec beaucoup de luxe ; l'or, le marbre y abondaient, et
les chapiteaux des colonnes étaient sculptés
avec une profusion un peu barbare, mais non
pourtant dépourvue de caractère.

Église et monastère furent saccagés, dévastés,
ruinés par les incursions normandes. Quand les
pirates du Nord eurent été chassés sans retour
de Paris, Morard, vingt-neuvième abbé de
Saint-Germain (de 990 à 1014), entreprit de re-
lever l'abbaye de ses ruines. C'est de lui que datent les parties les plus anciennes de l'église actuelle ; mais le monument a été si souvent réparé, remanié, restauré, suivant des idées et des

goûts très différents, depuis le XIᵉ siècle jusqu'à ces dernières années, qu'il est difficile aujourd'hui d'en reconnaître le véritable caractère. Quelques colonnes en marbre, provenant de l'église de Childebert, sont employées aux bases de la galerie qui surmonte les arcs du chœur; quelques chapiteaux du même temps, mais retouchés, sont placés sur diverses colonnes. D'autres chapiteaux, conservant leur physionomie originale, se voient au Musée des Thermes.

L'abbaye Saint - Germain devint, avec le temps, si puissante, si étendue, que le peuple l'appelait par excellence *l'Abbaye* et que les rois durent restreindre dans des limites fixes. Ces limites sont représentées aujourd'hui : au nord par la rue Jacob, à l'ouest par la rue Saint-Benoît, au sud par la rue Gozlin (autrefois Sainte-Marguerite), à l'est par la rue de l'Échaudé. Elle avait trois entrées principales : l'une, dite la *porte Papale*, dans la rue Saint-Benoît, conduisait à la cour d'honneur, aujourd'hui place Saint-Germain-des-Prés; la seconde était rue Jacob, et c'est aujourd'hui l'ouverture de la rue Furstemberg; la troisième donnait sur la rue Sainte-Marguerite (rue Gozlin), où l'on en voit encore des fragments, et forme maintenant la rue d'Erfurth. De plus, le palais abbatial avait une porte sur la rue Bourbon-le-Château, et son jardin en avait une sur la place de l'Abbaye.

Le monastère se composait de vastes et nombreux bâtiments dont les plus remarquables étaient la chapelle de la Vierge, formant une église distincte presque aussi grande que la Sainte-Chapelle du Palais, et, comme celle-ci, bâtie par Pierre de Montereau; elle est complètement détruite; — le réfectoire bâti aussi par Pierre de Montereau, et qui avait 115 pieds de long sur 32 de large et 47 et demi de hauteur; — la salle capitulaire, bâtie au XIIIe siècle, et dont la partie supérieure contenait le parloir.

La riche bibliothèque était placée dans les voûtes du réfectoire.

Il y avait deux cloîtres, le grand et le petit. Des portions de ce dernier, reconstruit au XVIIIe siècle, subsistent encore, convertis en habitations, sur le côté sud de la rue de l'Abbaye, percée à travers les deux cloîtres, la chapelle de la Vierge et le réfectoire, dont on voit encore quelques travées sur le côté nord de la rue.

Le palais abbatial, resté intact, a été construit, à la fin du XVI*, par le cardinal de Bourbon, alors abbé, qui a donné son nom à deux rues voisines (Bourbon-le-Château et Cardinale). Cet édifice est occupé aujourd'hui par des particuliers et prête ses plus vastes salles à des sociétés savantes ou industrielles.

Au XVII* siècle, les abbés de Saint-Germain firent construire des bâtiments qu'ils louèrent à des artisans auxquels la résidence en tel lieu conférait l'affranchissement de toutes règles de corporation. Ces bâtiments forment aujourd'hui les rues Childebert, Sainte-Marthe, Furstemberg, Cardinale et le passage dit de la Petite-Boucherie.

L'Abbaye avait juridiction sur un territoire fort étendu et y jouissait du droit de haute et basse justice ; elle possédait un pilori, élevé sur la place de l'Abbaye, et une geôle construite sur la même place, geôle dont on fit, plus tard, une prison militaire, qui fut le principal théâtre des massacres de septembre 1792, et qui a été démolie en 1854.

On trouve une vue à vol d'oiseau de l'ensemble de l'abbaye Saint-Germain dans l'*Itinéraire archéologique de Paris*, par M. de Guilhermy. Le monastère n'a déjà plus les remparts, tours et

murailles crénelées, fossés et pont-levis qui as-
suraient sa défense au moyen âge ; mais l'église
n'a pas encore perdu ses deux clochers des
transsepts, qui ont été démolis en 1821 par mesure de sécurité.

Avant la construction de la basilique de Saint-
Denis, l'église de l'abbaye Saint-Germain était
le lieu de sépulture des rois, reines et princes de
la famille royale. La plupart des Mérovingiens
y ont été enterrés. Plusieurs de leurs tombes
ont été découvertes au siècle dernier, pendant
des travaux de réparation ; on les visita et on y
trouva des objets de vêtements ou d'ornements,
dont quelques-uns sont aujourd'hui au Musée
de Cluny.

Pierre de Montereau et sa femme Agnès
avaient été inhumés, par honneur exceptionnel,
dans la chapelle de la Vierge.

On voit encore dans l'église plusieurs tombeaux de personnages parmi lesquels on remarque celui de Casimir qui, de roi de Pologne,
devint moine, puis abbé de Saint-Germain-des-
Prés ; celui d'Olivier et Louis de Castellan, dont
les figures et médaillons sont de Girardon.

Des inscriptions signalent les sépultures de
Boileau et de Descartes, rapportés l'un de la

Sainte-Chapelle, l'autre de Sainte-Geneviève, ainsi que celles de Mabillon et de Bernard de Montfaucon, deux religieux de Saint-Germain.

Les religieux de Saint-Germain suivaient, à l'origine, les règles de Saint-Antoine et de Saint-Basile. Ils adoptèrent plus tard celle de Saint-Benoît; puis, au XVIIe siècle adoptèrent la réforme de Saint-Maur et partagèrent dès lors, avec leurs frères des Blancs-Manteaux, ces beaux travaux d'érudition qui ont illustré le nom des Bénédictins.

En 1790, l'abbaye Saint-Germain avait un revenu de 615,820 livres 10 sous 5 deniers, avec des charges montant à 253,146 livres 8 sous, ce qui laissait un revenu net de 362,674 livres 2 sous 5 deniers. M. Cocheris a donné, dans son édition de l'*Histoire du diocèse de Paris*, de l'abbé Lebeuf, l'état détaillé des revenus et des charges, dressé et présenté à l'Assemblée nationale par Brière de Mondétour, receveur général de l'abbaye, qui y a joint une curieuse notice sur les droits de justice, censives, foires et marchés appartenant au monastère. Pour avoir une idée complète de ce qu'était l'abbaye Saint-Germain au moyen âge, il faut lire le *Polyptique de l'abbé Irminon*, publié par M. Guérard.

Sur les terrains de l'abbaye on a ouvert, pendant et depuis la Révolution, la rue d'Erfurth, la rue Furstemberg, la rue *de l'Abbaye*, la rue Bonaparte, appelée en 1814 rue *Saint-Germain-des-Prés*, et qui, réunie maintenant aux rues des Petits-Augustins et du Pot-de-Fer, prolongée de la place Saint-Germain à la place Saint-Sulpice et ensuite à travers le Luxembourg, s'étend de la Seine à la rue de l'Ouest, sous le nom de rue Bonaparte.

En 1793, le réfectoire fut converti en prison, puis en fabrique de salpêtre. Le 19 août 1794, une terrible explosion le renversa en partie; un incendie s'ensuivit, qui faillit détruire la bibliothèque, composée de 50,000 volumes et 7,000 manuscrits. On put sauver la plupart de ces richesses, qui furent transférées à la Bibliothèque nationale. Une portion cependant fut soustraite et portée à l'étranger.

En 1799, des fouilles, ordonnées par le Ministre de l'Intérieur pour retrouver la sépulture du roi Charibert, firent découvrir des cercueils en pierre contenant les squelettes de deux abbés revêtus d'habillements encore bien conservés.

En 1845 a été commencée une restauration

totale de l'église, dont l'intér'   'té enluminé d'une manière bizarre et produisant un effet des moins heureux. C'est alors aussi que Flandrin a exécuté des fresques, malheureusement interrompues par la mort de l'artiste, au souvenir duquel on a consacré dans l'église un petit monument contenant le buste de Flandrin, par Oudiné, avec cette inscription :

A HIPPOLYTE FLANDRIN
SES ÉLÈVES, SES AMIS, SES ADMIRATEURS
LYON, XXIII MARS MDCCCIX
ROME, XXI MARS MDCCCLXIV.

Les fresques de Flandrin décorant les deux côtés de la nef exposent, dans une suite de scènes empruntées à l'Ancien et au Nouveau Testament, cette pensée générale : Le Christ dévoilé aux Chrétiens après avoir été voilé pour les patriarches et les Juifs.

Parmi les autres peintures que contient l'église, on remarque : *Saint Germain distribuant des aumônes*, par Steuben ; — *Baptême de l'Eunuque*, par Bertin ; — *Résurrection de Lazare*, par Verdier ; — *Mort de Saphira*, par Le Clerc, etc.

Statues : *Notre-Dame-la-Blanche* (marbre),

provenant de l'abbaye de Saint-Denis, à laquelle
l'avait donnée la reine Jeanne d'Évreux en 1340 ;
— *Saint-François-Xavier*, par Coustou jeune ; —
Sainte Marguerite (marbre), par Dourlat.

Vitraux du chœur et peintures à la cire, par
Flandrin : *Entrée du Christ à Jérusalem, Portement de croix, Prophètes.*

La chapelle de Saint-Symphorien, dans le collatéral de droite, marque l'endroit où se trouvait le tombeau de saint Germain.

Les revenus de Saint-Germain dépassent
65,000 francs.

Saint-Germain-l'Auxerrois, vis-à-vis la colonnade du Louvre, succède à une église bâtie, dit-
on, par Chilpéric, et dont la forme était ronde,
d'où lui vint le nom de Saint-Germain-*le-Rond*.
Les Normands s'en firent une sorte de forte-
resse, et, lors de leur retraite, n'en laissèrent
que des ruines. Relevée par le roi Robert, l'église
fut reconstruite du XII° au XVI° siècle.

Voisine du Louvre, l'église Saint-Germain-
l'Auxerrois fut la paroisse des rois de France
depuis Philippe Auguste jusqu'en 1792, du
moins lorsqu'ils résidaient à Paris. Elle le rede-
vint de 1814 à 1830.

Ce fut la cloche de Saint-Germain qui, le 24 août 1582, donna le signal du massacre des Réformés, signal que répéta immédiatement le beffroi du Palais de Justice et que propagèrent ensuite les autres cloches de Paris.

Saint-Germain contenait un grand nombre de sépultures, notamment celles des poètes Jodelle et Malherbe; des chanceliers d'Aligre, Olivier et de Bellièvre; des premiers présidents Bellièvre, Séguin; des architectes d'Orbay et de Levau; des sculpteurs Desjardins, Sarrazin, Coyzevox; des peintres Stella, Houasse, Coypel, Santerre; des graveurs Israël Sylvestre et Mélan; de Guy Patin, de Dacier et de sa femme, du comte de Caylus, etc. On y voit encore plusieurs statues et bustes.

Concini, maréchal d'Ancre, assassiné sur le pont du Louvre, fut enterré à Saint-Germain. Mais, dès le lendemain, son corps fut exhumé par le peuple, traîné dans la boue et déchiré; le cœur fut arraché et brûlé sur le Pont-Neuf.

En 1790, la cure de Saint-Germain rapportait un peu plus de 10,300 livres et avait environ 1,500 livres de charges.

Les revenus de la paroisse dépassaient 112,000 livres et ses charges montaient à 102,000.

Le 13 février 1831, un service ayant été célé-
bré à Saint-Germain en commémoration de l'as-
sassinat du duc de Berry, le peuple, irrité par
par l'exhibition d'emblèmes royalistes, envahit
et saccagea l'église, qui, à la suite de cet événement, resta fermée, protégée par une inscription portant ces mots : *Mairie du IV° arrondissement,* et ne fut rouverte qu'en 1838, après
avoir été complètement restaurée.

Colbert avait eu le projet de former devant le
Louvre une vaste place en abattant Saint-Germain-l'Auxerrois. Ce projet fut repris par Napoléon, qui avait décidé l'ouverture d'une large
avenue allant du Louvre à la barrière du Trône.
Ce second projet fut encore repris après la Révolution de Juillet; mais Louis-Philippe ne
consentit pas à la démolition de l'église.

Dans une chapelle latérale de gauche, on remarque un retable en bois sculpté, de grande
dimension, représentant la vie de la Vierge et
celle de Jésus ; c'est une œuvre de la fin du
moyen âge.

Le bénitier, en marbre blanc, a été dessiné par
madame de Lamartine et sculpté par Jouffroy.

Quelques beaux vitraux anciens subsistent
encore.

L'ange placé sur le pignon qui domine le porche est de Marochetti.

A l'intérieur : banc d'œuvre, en bois sculpté, par Fr. Mercier, sur les dessins de Lebrun et de Ch. Perrault. *Arbre de Jessé*, en pierre, du XIVe siècle.

Tableaux : *Vierge*, du XIVe siècle ; — *Christ en croix, l'Église et la synagogue*, par Couderc ; — chapelle *Sainte-Geneviève*, par Gigoux ; — vitraux modernes, par M. Maréchal, de Metz.

Il est regrettable que l'église Saint-Germain soit dominée par de hautes maisons qui l'écrasent, et surtout qu'elle soit déshonorée par le voisinage de la mairie du premier arrondissement, qui semble être la caricature de l'église.

La cure de Saint-Germain est de première classe.

Saint-Gervais-Saint-Protais élève, en regard de la façade orientale de l'Hôtel de Ville et entre deux casernes, son portail classique plaqué sur une église ogivale.

Dès le VIe siècle existait en ce lieu une église qui tombait en ruine au XIIe. On la réédifia en 1212, mais il fallut en reconstruire

une nouvelle à la fin du XVe siècle. Toute
l'église est de style ogival. En 1616 fut élevé le
le portail actuel, sur les plans de Salomon
Debrosse ; le roi Louis XIII en posa la première
pierre. Considéré en lui-même et indépendam-
ment du reste de l'édifice, ce portail est une
œuvre remarquable d'architecture.

On signale aussi comme une sorte de tour de
force la clef pendante de la chapelle de la
Vierge, exécutée en 1517 par les Jacquet,
maçons alors très renommés, et qui a 2 mètres
de diamètre et 1 mètre 16 centimètres de saillie.

Saint-Gervais possédait de magnifiques vitraux peints par Pinaigrier et J. Cousin, et d'autres en grisaille peints par Fr. Perrin, sur les
dessins de Le Sueur. Il reste encore une partie
de ces œuvres d'art.

C'est à Saint-Gervais que s'est mariée madame
de Sévigné.

Cette église contenait les sépultures de personnages notables, entre autres Scarron, Phil. de
Champaigne, Ducange, Ant. de La Fosse, Cré-
billon, Michel Le Tellier, dont le mausolée,
œuvre de Mazeline et Martrelle, existe encore.

En 1790, la paroisse avait 68,378 livres 12
sous 11 deniers de revenu et 63,381 livres 6

sous 11 deniers de dépense. La cure rapportait 8,340 livres.

Il y avait autrefois, en face de l'église, un orme sous lequel se rendait la justice et s'accomplissaient certains actes civils. Cet arbre, qui avait une certaine célébrité dans l'histoire de Paris, a été abattu vers 1811.

En 1795, Saint-Gervais, concédé aux Théophilanthropes, devint le temple de *la Jeunesse*.

Les stalles en bois sculpté placées dans le chœur de Saint-Gervais datent du XVIe siècle. Les chandeliers et la croix, en bronze doré, placés sur le maître-autel, sont du XVIIIe siècle et proviennent de l'ancienne abbaye Sainte-Geneviève.

Au fond de la chapelle Sainte-Anne se trouve une autre petite chapelle pratiquée entre deux contre-forts et garnie intérieurement de panneaux sculptés représentant des scènes de la vie de Jésus-Christ. On y remarque un écusson portant les armoiries de la famille parlementaire Betauld de Chemauld, mais les registres de l'église ne contiennent aucune indication sur le fondateur de cet oratoire particulier qui sert aujourd'hui de vestiaire.

Un tableau sur bois, à plusieurs compartiments, représentant *la Passion* est attribué par
la tradition à Albert Durer. Mais les juges com-
pétents rejettent cette attribution. Le tableau
est du moins une œuvre du XV⁰ siècle.   -

La chapelle Sainte-Anne contient un bas-
relief en pierre du XIII⁰ siècle (*Jésus-Christ re-
cevant l'âme de la Vierge morte*).

Christ en croix, plâtre, par Préault ; — *Descente de croix*, plâtre, par Gois.

Peintures par MM. Heim, Guichard, Caminade.

Au portail, statues de *Saint Gervais*, par
Préault, et de *Saint Protais*, par Ant. Moyne ; —
groupes colossaux, par Jouffroy et Dantan aîné.

Les revenus actuels de Saint-Gervais sont de
34,000 francs. La cure est de deuxième classe.

Saint-Honoré, place d'Eylau (XVI⁰ arrondissement), est une petite construction de ces dernières années, destinée à desservir le quartier
récemment formé entre l'ancien Passy et l'arc
de triomphe de l'Étoile.

Saint-Jacques-du-Haut-Pas, rue Saint-Jacques, à l'angle de la rue de l'Abbé-de-l'Épée, a
succédé à deux anciennes chapelles. La pre-

mière, bâtie au XIVe siècle pour une colonie de l'hôpital de Saint-Jacques-du-Haut-Pas, en Italie, fut reconstruite en 1510 et devint paroisse en 1566. Six ans plus tard, cet hôpital fut occupé par les bénédictins du monastère de Saint-Magloire, de la rue Saint-Denis, qui firent édifier une nouvelle chapelle. Celle-ci devint insuffisante au XVIIe siècle. En 1630, l'église actuelle fut commencée sur les dessins de Gittard, et Monsieur, frère de Louis XIII, en posa la première pierre le 2 septembre. Les travaux, longtemps suspendus faute de fonds, furent repris en 1675, grâce aux libéralités de la duchesse de Longueville et des paroissiens. La chapelle de la Vierge est de 1688.

Jean du Verger de Hauranne, abbé de Saint-Cyran, et l'astronome J. Dominique Cassini ont été enterrés à Saint-Jacques-du-Haut-Pas.

En 1790, les revenus de l'église s'élevaient à un peu plus de 16,000 livres et les dépenses à plus de 22,000.

En 1797, Saint-Jacques servit au culte des Théophilanthropes sous le titre de *Temple de la Bienfaisance*.

Statue de *saint Jacques*, par Foyatier.

Tableaux : *La Foi, l'Espérance, la Charité, la*

Religion, attribué à Le Sueur ; — *Saint Pierre*, par Restout ; — *Christ aux Enfers,* par Gérard ; — *Saint Jérome, Saint Ambroise, Saint Augustin, Saint Grégoire,* école de Valentin ; — *Christ au Tombeau*, par Degeorge.

Saint-Jacques-du-Haut-Pas a un revenu de 50,000 francs.

Saint - Jacques - Saint - Christophe , rue de Bordeaux (XIXᵉ arrondissement), ancienne paroisse du village de la Villette, annexé en 1880, est un édifice de style mêlé, construit en 1844 sur les plans de M. Lequeux. On y trouve quelques tableaux peu remarquables.

Saint-Jean-Baptiste, rue de Paris (XIXᵉ arrondissement), a été construit de 1854 à 1856, sur les plans et sous la direction de Lassus, qui a déployé beaucoup d'érudition, de goût, et a même mis un certain caractère original dans cette étude en grand de l'architecture du XIIIᵉ siècle. C'est un pastiche, mais un pastiche élégant, savant et exécuté par un artiste qui eût été capable de créer par lui-même, si l'occasion avait pu lui en être donnée dans un temps où le pastiche règne en toute choses.

Les deux flèches jumelles du portail ont 58 mètres de hauteur.

Saint-Jean-Baptiste était l'église de la commune de Belleville, annexée à Paris en 1860. C'est un édifice digne d'une visite.

La cure est de première classe.

SAINT-JEAN-BAPTISTE-DE-GRENELLE, rue des Entrepreneurs (XVe arrondissement), fut bâtie de 1824 à 1828 pour le nouveau village de Grenelle, réuni à Paris en 1860. L'édifice est dans le style pseudo-grec avec un clocher semi-roman, semi-ogival. Rien à voir là.

SAINT-JEAN-SAINT-FRANÇOIS, rue du Perche, est l'église de l'ancien couvent des *Capucins* du Marais, fondée en 1623 par Athanase Molé, frère du premier président,

En 1790, le couvent ne possédait que 6,680 livres de revenu et devait un peu plus de 15,000 livres.

L'église fut désignée, en 1791, comme paroisse sous le titre de *Saint-François-d'Assise*. On y transporta alors les fonds baptismaux, les stalles et divers ornements de l'église Saint-Jean-en-

Grève, et plus tard l'église fut appelée *Saint-Jean-Saint-François.*

Statues de *Saint François d'Assise*, par Germain Pilon ; — *Saint Denis* (marbre blanc), par Sarrazin, provenant de l'ancienne abbaye de Montmartre.

Tableaux : *Saint Louis visitant les soldats malades*, par Ary Scheffer ; — *Baptême du Christ*, par Paulin Guérin.

SAINT-JOSEPH, rue Corbeau, est une église provisoire, construite en 1852, et que doit remplacer une église définitive qui s'élèvera rue Saint-Maur-Popincourt.

SAINT-JULIEN-LE-PAUVRE. — Voir page 55 et *Hôtel-Dieu.*

SAINT-LAMBERT, place de l'Église (XVe arrondissement), a été construite de 1848 à 1853 par M. Naissant, qui s'est inspiré du type des églises romanes. L'édifice est un peu sombre à l'intérieur. Il y a une chapelle souterraine.

Saint-Lambert était la paroisse de Vaugirard, commune annexée à Paris en 1860 ; elle a remplacé une vieille et petite église qui était située sur un autre emplacement.

La cure est de première classe.

SAINT-LAURENT, boulevard de Strasbourg. — Dès le VI⁰ siècle, il existait près de Paris, sous le titre de *Saint-Laurent*, une abbaye dont on ne connaît pas exactement la situation topographique. Dévastée par les Normands elle ne fut pas rétablie.

L'église actuelle date du XV⁰ siècle; elle a été agrandie en 1548, reconstruite en 1595 et restaurée en 1622 par Lepautre, qui la dota d'un portail classique qu'on a démoli, il y a deux ans, pour y substituer une façade assortie au style de l'église. On a, en même temps, ajouté deux travées à la nef, afin que l'église se trouvât à l'alignement des maisons du boulevard. C'est l'inverse de ce qui s'est fait à Saint-Leu : il faut que les monuments obéissent à la consigne des ingénieurs.

En 1790, la cure de Saint-Laurent rapportait 13,970 francs et ne supportait que 920 livres de charges. La fabrique possédait 28,521 livres de revenu, mais elle avait à dépenser 31,759 livres, étant tenue de payer le clergé paroissial. La maison de charité de la paroisse recevait annuellement environ 12,000 livres.

En 1795, Saint-Laurent fut concédé aux Théophilanthropes, qui en firent le *Temple de la Vieillesse*.

Tableaux : *Martyre de saint Laurent*, par Greuze ; — *Saint Laurent parmi les pauvres*, par Trézel. — Vitraux par Galimard.

Saint-Leu-Saint-Gilles, rue Saint-Denis, ne fut d'abord qu'une chapelle bâtie, au XIIIe siècle sur des terrains et avec la permission des religieux de Saint-Magloire, pour l'usage de paroissiens de l'église Saint-Barthélemy, de la Cité, qui s'étaient établis sur la rive droite de la Seine.

En 1320, la chapelle fut reconstruite sur un plan plus étendu et devint paroisse en 1616. Elle a été réparée en 1727. A cette époque, Guillaume Guérin, maître charpentier, transporta le clocher, haut de 12 mètres, avec les cloches et leur charpente, d'une tour qui menaçait ruine sur une tour nouvellement construite. En 1780, le maître-autel fut exhaussé et l'architecte de Wailly pratiqua sous le chœur une chapelle souterraine où l'on voit maintenant un Christ

couché qui provient de l'ancienne église du
Saint-Sépulcre. Le percement du boulevard de
Sébastopol a amené une réduction de l'abside
qui dépassait l'alignement du boulevard. Il en
est résulté, à l'intérieur de l'église, un étrangle-
ment des plus disgracieux. A cette même époque,
l'église a été isolée et le presbytère a été reconstruit.

Saint-Leu renfermait un certain nombre de
sépultures, entre autres celle de Jean Louchart,
un des Seize que Mayenne fit pendre au petit
Chatelet, celle du président Guillaume de La-
moignon et celle de l'aïeul de ce magistrat,
maire de Landes, dont le mausolée était l'œuvre
de Girardon.

En 1790, Saint-Leu avait 4,536 livres de revenu
et 1,002 livres 8 sous de dépense.

On voit à Saint-Leu un tableau, peint en 1772,
représentant, en plusieurs compartiments, la
légende selon laquelle, le 30 juin 1418, un soldat
suisse ayant frappé de son épée une statue de
la Vierge, placée au coin des rues Salle-au-Comte
et aux Ours, le sang jaillit aussitôt. Le soldat
fut arrêté, jugé, condamné et fut exécuté au
lieu même du crime. La statue avait été portée
à Saint-Martin-des-Champs, où on la révérait

sous le nom de *Notre-Dame de la Carole*, nom
sur l'étymologie duquel les savants ne sont pas
bien d'accord. Tous les ans, le 3 juillet, on
allumait nombre de cierges au coin de la rue
aux Ours, on y brûlait un mannequin costumé
en Suisse et préalablement promené dans Paris :
le soir, il y avait feu d'artifice. Statue, cierges
et mannequin ont duré jusqu'à la Révolution.

Peintures par Philippe de Champaigne (*saint
François de Sales*, Gibot, Tardy, Delaval, Picot,
Degeorge, Montvoisin.

Bas-relief en marbre, du XV⁰ siècle, représentant *la Cène* et *la Flagellation*. Statue de *sainte
Geneviève*, en marbre du XVIIᵉ siècle.

Saint-Leu est cure de deuxième classe.

SAINT-LOUIS-D'ANTIN, rue Caumartin, était
originairement la chapelle d'un couvent de
capucins (voir *lycée Bonaparte*) et a été construite
en 1782, par l'architecte Brongniart.

Il n'y a rien à y remarquer qu'un vase funéraire contenant le cœur de Choiseul-Gouffier.

Peintures : *Apôtres*, par Séb. Cornu et
Bézard ; — *Jésus sauveur*, *saint Louis*, *saint
François*, par Signol.

Cette église est la première succursale de la Madeleine,

La cure est de deuxième classe.

Saint-Louis-en-l'Ile, rue Saint-Louis (île Saint-Louis), commença aussi par être une simple chapelle qu'avait bâtie, vers 1600, un maître couvreur nommé Lejeune et qui devint paroisse en 1623. Mais alors la chapelle ne suffit plus à la population de l'île, et une nouvelle église fut commencée dont l'archevêque Péréfixe posa la première pierre le 1ᵉʳ octobre 1679 ; elle ne fut achevée qu'en 1725. Louis Levau en avait donné les plans et en commença la construction qu'après sa mort continua Gabriel Leduc. L'aiguille à jour qui surmonte le clocher est de 1741.

Le poète Quinault, mort en 1688, fut enterré dans cette église.

En 1790, le curé de Saint-Louis n'avait pour revenu que 5,450 livres.

Saint-Louis-en-l'Ile vient d'être à peu près complètement restauré à l'intérieur et décoré de boiseries, de vitraux et de peintures.

Tableaux : *Vierge*, par Mignard ; — *Disciples d'Emmaüs*, par Ant. Coypel ; — *Ascension*, par

Perron ; — *Adoration des Mages*, par Perrin ; — *Saint Louis communiant*, par Simon Vouet ; — *Saint François de Sales*, par Hallé.

Statues : *Saint Pierre*, *Saint Paul*, par Bra ; — *Sainte Geneviève*, *Saint Jean-Baptiste*, *la Vierge*, *Christ* en marbre.

SAINT-LOUIS-SAINT-PAUL, rue Saint-Antoine, est l'ancienne église *du Noviciat des Jésuites*, au titre de laquelle (Saint-Louis) fut ajouté, en 1803, celui de la vieille église Saint-Paul, supprimée en 1791 et démolie vers 1800.

Saint-Paul, situé dans la rue du même nom, n'avait été d'abord qu'une chapelle bâtie par saint Éloi et dite *Saint-Paul-des-Champs*, parce qu'elle était hors de la ville. Promue paroisse en 1107, elle devint insuffisante ; une église plus vaste fut bâtie sous Charles V, mais ne fut terminée que bien longtemps après ou, tout au moins, fut en partie reconstruite au XIVᵉ et au XVᵉ siècle. Cette église étant la paroisse de l'hôtel Saint-Paul et du château des Tournelles, plusieurs princes y reçurent le baptême. La cuve baptismale en a été transportée à Poissy.

Saint-Paul avait des charniers qui, comme l'église, possédaient de beaux vitreaux et qui conduisaient à un cimetière où furent enterrés Rabelais et le mystérieux prisonnier connu sous le nom de *l'Homme au masque de fer*.

Dans l'église avaient été enterrés le maréchal de Biron, décapité à la Bastille, Nicot, François et Jules Mansard. On y voyait les mausolées élevés par Henri III à ses mignons, Maugiron, Saint-Mégrin, Quélus et Caussade. Le peuple les brisa, le 2 janvier 1589.

L'église Saint-Paul possédait, en 1790, un revenu de 13,037 livres, avec 1,103 livres de charges.

L'église a complètement disparu. Dans le passage Saint-Pierre il reste quelques vestiges des charniers et une portion du cimetière.

En 1580, le cardinal de Bourbon céda aux jésuites, pour établir leur noviciat, l'hôtel d'Anville, qu'il avait acheté de la veuve du connétable Anne de Montmorency, et il y fit construire des bâtiments et une chapelle dédiée à Saint-Louis. En 1627, fut commencée sur les plans du jésuite François Derrand, la construction de l'église actuelle. Le portail fut élevé, en 1641, aux frais du cardinal de Richelieu, d'après les plans d'un autre Jésuite, Marcel Ange.

Lors de l'expulsion des jésuites, le noviciat fut donné aux chanoines de Sainte-Catherine-du-Val-des-Écoliers, qui vinrent s'y installer.

. En 1790, le prieuré de Sainte-Catherine possédait un revenu de 38,000 livres, avec des charges de 20,434 livres. Il y avait une bibliothèque de plus de 80,000 volumes.

Sous les chapelles latérales se trouvent des caveaux séparés que les jésuites concédaient à la sépulture de diverses familles, entre autres des La Tour-d'Auverge et des Orgemont.

Sous l'église, un vaste caveau était réservé aux pères de la Société. Là sont enterrés, parmi un grand nombre, Tournemine, Bourdaloue, La Chaise. L'évêque d'Avranches Huet fut aussi enterré à Saint-Paul.

A droite et à gauche du chœur, des inscriptions rappellent que là avaient été déposés les cœurs de Louis XIII et de Louis XIV. Ces inscriptions, placées en 1858, reproduisent le texte des inscriptions primitives, détruites en 1792. Chacune était accompagnée d'un groupe d'anges en argent soutenant la boîte en vermeil où était enfermé le royal viscère. L'un de ces groupes était de Sarazin, l'autre de Coustou jeune. Transférés au musée des Petits-Augustins, ils furent, plus tard et par ordre de Napoléon, portés à Fontainebleau pour orner la chapelle particulière du pape prisonnier. Quant aux deux cœurs, Louis XVI les avait fait déposer au Val-de-Grâce, et ils furent remis à la liste civile en 1814.

Georges Cadoudal fut enterré à Saint-Louis. La Restauration le fit exhumer et transporter en Vendée.

Les bâtiments du Noviciat sont maintenant affectés au lycée *Charlemagne*.

Au portail de l'église Saint-Louis-Saint-Paul sont placées les statues de *Saint Louis*, par Lequesne; *Sainte-Catherine*, par Préault; *Sainte-Aure*, par Étex. A l'intérieur, statues de *Saint-Pierre* et *Saint Paul*, par Legendre Héral, et des mêmes (plâtre), par Bra.

Les bénitiers sont formés de deux belles coquilles données par Victor Hugo (habitant alors place Royale), à l'occasion de la naissance de son premier enfant.

LA MADELEINE, fondée par Charles VII en 1492, était la paroisse du quartier dit *la Ville-l'Évêque*, et se trouvait sur un terrain qu'a absorbé le boulevard Malesherbes. Cette église, déjà réédifiée en 1659, étant devenue insuffisante, on résolut, en 1763, d'en construire une nouvelle. Celle-ci dut s'élever à l'extrémité du boulevard qu'on appelait alors *le Cours*, en face de la rue Royale - Saint - Honoré. L'architecte Contant d'Ivry commença les travaux et mourut avant de les avoir achevés. Son successeur Couture fit adopter de nouveaux plans, détruisit tout ce qui était déjà exécuté et commença une autre construction que la Révolution vint suspendre.

Reprise par Napoléon comme Temple de la Gloire, continuée lentement par la Restauration pour redevenir église, la Madeleine ne fut achevée que sous Louis-Philippe en 1843.

Le fronton a été sculpté par M. Lemaire. Les portes en bronze sont de Triquetti, les bénitiers d'Antonin Moine.

Les galeries extérieures sont garnies de statues exécutées par différents artistes. A l'intérieur, la sculpture des voûtes est de Rude, Foyatier et Pradier.

Sculptures : *Baptême du Christ*, groupe, par Rude; — *Mariage de la Vierge*, groupe par Pradier; — *Bénitiers*, par Ant. Moyne; — *Sainte Amélie*, par Bra; *Sainte Clotilde*, par Barye; —

Saint Vincent de Paul, par Raggi; — *Vierge*, par Seurre; — *Saint Augustin*, par Étex; — *Assomption*, marbre, par Marochetti; — *Jésus-Christ*, par Duret.

Peintures : *Conversion de Madeleine*, par Schnetz; *Madeleine au pied de la Croix*, par Bouchet; — *Madeleine priant*, par Abel de Pujol; — *Repas chez Simon*, par Couderc; — *Madeleine apprenant la Résurrection*, par Cogniet; — *Mort de Madeleine*, par Signol.

Derrière le maître-autel, Zügler a peint *Madeleine aux pieds du Christ*, entouré d'un grand nombre de personnages historiques.

L'église de la Madeleine a, intérieurement, 79^m,30 de long sur 25^m,4 de large et 30^m,30 de hauteur. Un large perron de onze marches l'élève au-dessus du sol.

En 1790, l'ancienne Madeleine avait un peu plus de 18,000 livres de revenu et 17,000 livres de charges. La cure rapportait un peu plus de 12,000 livres avec environ 6,000 livres de charges. Un établissement de charité y était joint, qui jouissait d'un revenu de 11,732 livres 9 sous de rente, dont on employait 6,287 livres à défrayer les frères et sœurs chargés du soin des pauvres.

La paroisse actuelle a un revenu d'environ 200,000 francs.

La cure est de première classe.

SAINT-MARCEL, boulevard de l'Hôpital, troisième succursale de Saint-Étienne-du-Mont, est une église toute moderne, ouverte en novembre 1856, et où l'art n'a rien à voir. On y a imité le style du XIIIe siècle, mais ce n'est qu'un pastiche sans nulle valeur.

Saint-Marcel est cure de première classe.

SAINT-MARCEL DE LA MAISON-BLANCHE, route de Fontainebleau (XIIIe arrondissement), est une chapelle bâtie sur l'emplacement du corps de garde où le général Bréa fut massacré pendant l'insurrection de juin 1848. Elle dessert le quartier de la Maison-Blanche qui dépendait de la commune de Gentilly, dont une partie a été annexée à Paris en 1860.

SAINTE-MARGUERITE, rue Saint-Bernard, commença par être une chapelle construite en 1625 par Fayet, curé de Saint-Paul, et qui devint paroisse en 1712. Elle fut agrandie d'abord en 1736, puis en 1865.

Avant la Révolution, la cure de Sainte-Marguerite rapportait plus de 15,000 livres. La caisse des pauvres avait un revenu de 35,325 livres.

Vocanson avait été enterré a Sainte-Marguerite : il n'en reste pas trace.

C'est dans le cimetière attenant à cette église que, le 10 juin 1795, fut enterré le jeune fils de Louis XVI, mort au Temple l'avant-veille. Les recherches faites par de fervents royalistes ont à peu près établi que le lieu de cette sépulture est aujourd'hui réuni à la rue Saint-Bernard.

Derrière le maître-autel, décoration du tombeau de Girardon, provenant de l'église Saint-Landry, et exécutée par de Lorrain et Nourrisson, sur les dessins de Girardon lui-même.

Sculptures : *Martyre de Sainte-Marguerite*, groupe, par Maindron (plâtre); — *Sainte-Élisabeth*, groupe; — *Tombeau du curé Fayet* (1634).

Peintures : *Adam et Ève chassés du Paradis, Mort des Patriarches*, par Brunetti; — *Massacre des Innocents* (XIIIe siècle); — *Descente de Croix* (XVIe siècle), provenant de Saint-Landry; — tableaux de Galloche, Restout, Susaé, dans une chapelle latérale de droite; — tableaux de Baptiste, Galloche, Restout et Wafflard dans

une chapelle latérale de gauche ; — *Sainte Isabelle*, attribué à Philippe de Champaigne (avec
une vue de l'Abbaye de Longchamp ; — *Crucifiement*, provenant de la chapelle de la Bastille ;
— *Christ au jardin des Olives*, par Eug. Delacroix ;
— *Serpent d'airain*, par Smith ; — Grisailles de
la coupolle : *Clovis, Charlemagne, Robert, Saint-
Louis* ; — *Le Christ au milieu des enfants*, fresque
par Valbrun (chapelle des catéchismes) ; —
Peinture du dôme par Abel de Pujol.

SAINTE-MARIE DES BATIGNOLLES, place de
l'Église (XVIIe arrondissement), construite un
peu à l'imitation d'un temple grec, en 1829,
était la paroisse de la commune de Batignolles,
réunie à Paris en 1860.

La cure est de première classe.

SAINT-MARTIN, rue des Marais, est une construction sans style qui a été commise en 1855.

SAINT-MÉDARD, rue Mouffetard, la plus pauvre,
peut-être, des églises parisiennes ; existait déjà
au XIIe siècle et relevait de l'Abbaye Sainte-
Geneviève ; elle a été agrandie en 1561, 1586 et
1655.

En 1561, il s'y livra un combat sanglant entre les catholiques et les protestants (voir *Temples protestants*, page 750).

Dans le XVIIIe siècle, le cimetière de Saint-Médard situé rue d'Orléans (aujourd'hui rue Daubenton), fut quelque temps célèbre par les miracles qui s'opéraient sur le tombeau du diacre Pâris et qui firent naître la secte des *convulsionnaires*. Louis XV ordonna la fermeture du cimetière; on écrivit sur la porte ces vers si connus :

> De par le roi défense à Dieu
> De faire miracle en ce lieu.

Ce cimetière n'est plus aujourd'hui qu'un jardinet bien oublié.

Derrière la chapelle de la Vierge ont été enterrés Olivier Patru et Pierre Nicole.

En 1790, le curé avait un revenu de 2,840 livres, sur lequel il payait à son clergé 100 livres. Le revenu de la fabrique montait à 16,614 livres 14 sous 1 denier, avec des charges de 12,927 livres 10 sous 4 deniers.

En 1795, Saint-Médard fut livré aux Théophilanthropes et devint le temple du *Travail*.

Cette modeste église, deuxième succursale de

Saint-Étienne-du-Mont, ne possède qu'un très petit nombre d'objets d'art, parmi lesquels on remarque une *Sainte-Geneviève* de Watteau, et un *Mariage de la Vierge*, de Caminade.

Saint-Médard est cure de deuxième classe.

SAINT-MERRI ou MERRY, rue Saint-Martin, était, au VIIIe siècle, une chapelle, bâtie à une époque inconnue, qui prit le nom de *Saint-Médéric* (par abréviation *Merri*), mort près de là le 29 août 700, et enterré dans cette chapelle, dédiée jusque-là à Saint-Pierre.

La chapelle, érigée en collégiale, étant devenue trop petite, Odon, ou Eudes, le Fauconnier fit construire une nouvelle église, sous le titre de Saint-Merri, dans laquelle il fut enterré. Au XVIe siècle, une reconstruction fut nécessaire.

L'église actuelle fut commencée en 1520 et terminée seulement en 1612.

Une crypte a été ménagée à la place du caveau où se trouvait le tombeau de saint Merri.

Cette église possédait de magnifiques vitraux de Pinaigrier, Parray et Nogase, qui furent enlevés dans le courant du XVIIIe siècle, lorsque la fabrique fit exécuter des *embellissements* par lesquels l'édifice a perdu, en plusieurs parties, son caractère primitif; on y a fait dernièrement des restaurations mieux ordonnées.

Saint-Merri contenait un grand nombre de sépultures, entre autre celle du poète Chapelain et celle du ministre Pomponne.

Saint-Merri était une des quatre églises appelées les *Filles de Notre·Dame*.

En 1790, le chapitre de Saint-Merri, composé de sept chanoines, avait un revenu de 31,913 livres 14 sous 6 deniers, et une dépense de 7,226 livres 18 sous. Le curé avait 6,042 livres de revenus, grevé d'une charge de 1,186 livres 9 sous.

De 1797 à 1803, Saint-Merri fut affecté au culte des Théophilanthropes sous le nom de *Temple du Commerce*.

Sculptures : *Saint Sébastien*, par Debay ; *Pieta*, et la chaire, par Stodtz.

Tableaux : *Saint Pierre*, de Restout ; — *Réparation d'un sacrilège*, de Belle ; — *Saint Merri*, de Simon Vouet ; — *Vierge et enfant Jésus, Saint Charles Borromée*, de C. Vanloo ; — *Scènes de la vie de Marie Alacoque*, par S. Cornu ; — *Saint Vincent de Paul, esclave, opérant des conversions*, par Lepaulle ; — *Scènes de la vie de sainte Marie Égyptienne*, par Chassériau ; chapelle

Sainte Philomène, par Duval ; — *Descente du Saint-Esprit*, par Lehmann.

Saint-Merri est cure de deuxième classe. Ses revenus dépassent 55,000 francs.

Saint-Michel-des-Batignolles, rue Saint-Jean (XVII arrondissement), est encore une église récente sans caractère et sans style, où le visiteur n'a rien à chercher.

Missions-Étrangères. — Voir ci-dessus *Saint-François-Xavier*.

Saint-Nicolas (chapelle), rue du Faubourg-Saint-Honoré, a été construite vers 1780, sur les dessins de Girardin, aux frais du financier Beaujon, qui la dédia à son patron.

Saint-Nicolas-des-Champs, rue Saint-Martin, à l'angle de la rue de Turbigo, était originairement une chapelle, datant du XIIe siècle, bâtie pour les gens de service du prieuré Saint-Martin-des-Champs et pour les habitants qui étaient venus s'installer dans le voisinage.

La chapelle fut réparée et agrandie en 1399,

1420, 1489 et 1576. Le portail méridional est une œuvre élégante du style Renaissance. L'architecture intérieure a été gravement altérée par les restaurations successives.

Sculptures : *Anges consolateurs*, par Sarazin.

Tableaux : *Assomption*, de Simon Vouet ; — *Descente de croix*, Sébastien Bourdon ; — *Saint Charles Borromée, Dieu le Père*, par Godefroy ; — *Jésus bénit les enfants*, par Sébastien Bourdon ; — *Sainte Cécile*, par Landelle ; — *Saint Étienne visitant les malades, Martyre de Saint Étienne*, par L. Cogniet ; — Peintures de Caminade et Delestre dans la chapelle de la Vierge ; — orgues par Cliquot.

En 1797, Saint-Nicolas devint un temple des Théophilanthropes, dédié à *l'Hymen*.

En 1790, l'église avait environ 50,000 livres de revenus et 40,000 livres de charges. Le curé avait 10,000 livres de revenus, charges déduites.

Saint-Nicolas-des-Champs contenait de nombreuses sépultures. Les chapelles sont pavées, en grande partie, de pierres tombales avec épitaphes.

Saint-Nicolas-des-Champs est cure de première classe.

Saint-Nicolas-du-Chardonnet, rue Saint-Victor, tire son surnom *des chardons* qui poussaient dans le terrain où cette église est construite, et non pas des *Chardonnerets*, comme le croient et le disent beaucoup de gens.

La première église bâtie en ce lieu datait du XIIIe siècle et vécut jusqu'en 1656, époque où il fallut l'abattre pour l'empêcher de tomber d'elle-même. On construisit alors l'église actuelle, à laquelle manque encore le portail. On va probablement lui en faire un, maintenant qu'elle se trouve en bordure d'une large voie.

Dans cette église furent enterrés Santeuil, Jérôme Bignon et ses deux fils, Paulmy et Marc-René d'Argenson, et la mère de Lebrun dont on voit encore le tombeau, exécuté sur les dessins de Lebrun par Colignon et Tuby, et placé dans une chapelle qui contient aussi, outre un tableau de Lebrun (*Saint Charles Borromée*), une pyramide élevée à la mémoire de ce peintre célèbre, accompagnée de figures allégoriques et surmontée du buste de Lebrun par Coyzevox.

Le tombeau des Bignon, encore subsistant, est l'œuvre d'Anguier et de Girardon.

Peintures : *Martyre de saint Sébastien*, par Dupuy ; — *Jésus au jardin des Olives*, par Des-

touches ; — *La Vierge et le Christ mort*, attribué
à Valentin ; — *Miracle de Moïse*, par Lebrun ;
Saint Bernard, par Le Sueur ; — *La fille de
Jaïre* ; — *La manne*, par Ch. Coypel ; — *Baptême
du Christ*, par Corot ; — *Le Christ au tombeau*,
par Mignard ; — *Mariage de la Vierge, Repos en
Égypte*, attribués à ce même peintre.

Notre - Dame - d'Auteuil, place de l'Église
(XVIe arrondissement', était, comme son nom
l'indique, la paroisse du village d'Auteuil, réuni
à Paris en 1860. La tour date du XIe ou XIIe siècle, ce qui ferait remonter à cette époque l'origine de l'église, reconstruite au XVIIe siècle.

La place qui s'étend en avant est formée, en
partie, de l'ancien cimetière. On y voit une
espèce d'obélisque en marbre rouge, avec socle
en marbre blanc. C'est le tombeau du chancelier
d'Aguesseau et de sa femme Anne Lefèvre d'Or-
messon. Une inscription gravée sur le socle constate que ce monument fut restauré par ordre
du gouvernement, en l'an IX.

Notre - Dame - de - Bercy, rue du Commerce
(XIIe arrondissement', édifice sans style, construit il y a une quarantaine d'années, était

l'église de la commune de Bercy, réunie à Paris
en 1860.

La cure est de première classe.

Notre-Dame-de-Bonne-Nouvelle, située rue
du même nom, fut originairement bâtie, en
1552, pour les paroissiens de Saint-Laurent,
qui demeuraient trop loin de cette dernière
église. Mais il ne fut permis de lui donner que
13 toises de long sur 4 de large; elle était alors
dédiée à saint Louis et à sainte Barbe (Une rue
voisine s'appelle encore rue Sainte-Barbe). Cette
première église fut détruite, en 1594, avec le
bourg Bonne-Nouvelle, lors du siège de Paris
par Henri IV. On la reconstruisit, en 1624, sous
le vocable actuel. Devenue trop petite, elle fut
démolie de nouveau, puis reconstruite de 1823
à 1828, sur les plans de M. Godde.

Cette église porte aussi le nom de *Notre-Dame-
de-Recouvrance*.

Notre-Dame-de-Bonne-Nouvelle n'offre rien
de curieux, pas plus à l'intérieur qu'à l'extérieur.

En 1790, la cure rapportait 2,510 livres avec
350 livres de charges.

Notre-Dame-des-Blancs-Manteaux, rue des Blancs-Manteaux, devait, ainsi que la rue, ce nom aux religieux dits *Serfs de la Vierge Marie*, que Louis IX établit dans ce lieu en 1258 et qui portaient des manteaux blancs. La désignation populaire s'est perpétuée, bien que les *Serfs de la Vierge*, supprimés en 1274, aient été remplacés par des *Ermites de Saint-Guillaume* ou *Guillemites*, vêtus de noir, lesquels, en 1648 se réunirent à la congrégation des Bénédictins de Saint-Maur. Le monastère fut reconstruit en 1685, et le chancelier Le Tellier posa la première pierre de l'église actuelle.

Le 21 novembre 1407, le corps du duc d'Orléans, assassiné rue Vieille-du-Temple, fut déposé dans l'église des Blancs-Manteaux, et Jean-sans-Peur, l'assassin, vint s'agenouiller près de sa victime en maudissant les meurtriers.

C'est dans ce monastère qu'ont été composés, ou tout au moins commencés, les beaux travaux historiques qui ont illustrés la congrégation de Saint-Maur et le nom des bénédictins, travaux que continue, de nos jours, l'Académie des Inscriptions et Belles-Lettres.

En 1790, le couvent des Blancs-Manteaux possédait 31,773 livres 2 sous 9 deniers de revenu et avait 12,300 livres 10 sous de charges ; ses propriétés immobilières étaient considérables à Paris et dans les environs. (On en trouve le détail dans l'*Histoire du diocèse de Paris* de l'abbé Lebeuf, édition · Cocheris, tome I, page 374). La bibliothèque se composait de 13,000 volumes.

Lors de la fermeture du couvent, les commissaires de l'Assemblée constituante autorisèrent les bénédictins dom Clément, dom Brial et dom Labbat à emporter les ouvrages dont ils avaient besoin pour leurs travaux historiques.

Les bâtiments conventuels ont été démolis, et l'emplacement à servi à ouvrir la rue des Guillemites, dont le nom rappelle les anciens habitants de ce monastère.

L'église, récemment restaurée, a été dotée, mais non pas décorée, du portail de l'ancienne église des Barnabites de la Cité.

Notre-Dame-des-Champs, rue de Rennes, n'est encore qu'une église provisoire, bâtie en 1856, en attendant la construction d'une église définitive qui doit être élevée sur le boulevard du Montparnasse.

L'édifice actuel est tout en bois.

Le titre de Notre-Dame-des-Champs rappelle un ancien prieuré, situé rue d'Enfer, où vinrent s'établir, plus tard, les Carmélites.

Notre-Dame-de-Clignancourt, rue des Portes-Blanches (XVIII⁰ arrondissement) a été construite de 1859 à 1865, sur les plans de M. Lequeux, pour le quartier de Clignancourt, qui faisait partie de la commune de Montmartre. annexée à Paris en 1860. Rien à voir dans cette église.

Notre-Dame-de-la-Croix, chaussée de Ménilmontant (XX⁰ arrondissement), n'est qu'une église provisoire à côté de laquelle on en construit une assez vaste.

Notre-Dame-de-la-Gare, place Jeanne-Darc (XIII⁰ arrondissement), est aussi une église construite dans ces dernières années pour le quartier dit *de la Gare*.

Notre-Dame-de-Lorette (voir page 700) était autrefois une petite chapelle, dite aussi *Notre-Dame-des-Porcherons*, bâtie en 1645 et située rue Coquenard (aujourd'hui rue Lamartine) sur l'emplacement qu'occupe la maison n° 54. Elle relevait de l'abbaye de Montmartre.

Vendue en 1796, elle fut démolie. Les orgues en subsistent encore, transportées à l'église Saint-Pierre de Montmartre.

Lors du rétablissement des paroisses, le titre de Notre-Dame-de-Lorette fut transféré à une autre chapelle dite de *Saint-Jean-Porte-Latine*, située dans la rue du Faubourg-Montmartre, bâtie vers 1780, et remplacée par des écoles communales. C'est là qu'eurent lieu les obsèques du général Foy.

Cette chapelle était insuffisante; la construction d'une église fut alors décidée. On fit choix d'un terrain placé en face de la rue d'Artois (rue Laffitte) et les travaux commencèrent en 1824 sur les plans et sous la direction de M. H. Lebas. L'église ne fut achevée qu'en 1836 ; elle a la forme d'une basilique romaine.

L'extérieur en est sévère et même un peu nu. Le fronton, sculpté par Nanteuil, porte les statues des trois vertus théologales par Foyatier, Lemaire et Laitié.

A l'intérieur, Notre-Dame-de-Lorette est la plus mondaine des églises de Paris. Tout est stuc, marbre, dorure, peintures : c'est la vraie paroisse du demi-monde, auquel elle a donné son nom de *Lorette*.

Notre-Dame-de-Lorette a un revenu qui excède 80,000 francs. La cure est de 1re classe.

Peintures : *Cène*, *Résurrection du Christ*, et autres sujets, par Perrin (chapelle du Saint-Sacrement) ; — *Conversion et Martyre de saint Hippolyte*, par Hesse ; *Funérailles* du même saint, par Coutand, et *Portrait*, par Bézard ; — *Saint Hyacinthe*, par Mme Varcollier, et deux tableaux par A. Johannot ; — *Vœu* et *Extase de sainte Thérèse*, par Langlois ; *Mort de sainte Thérèse*, par Caminade ; *Portrait*, par Decaisne ; — *Sainte Geneviève guérit sa mère, Apothéose*, par E. Devéria ; *Portrait*, par Mme Dehérain ; *Saint Germain bénit sainte Geneviève*, par Dejuinne ; — Chapelle *Saint-Philibert*, par Schnetz ; *Portrait*, par Étex jeune ; — *Saint Étienne faisant l'aumône, Saint Étienne traîné au supplice*, par Champmartin ; *Martyre de saint Étienne*, par Couderc ; *Portrait*, par Goyet ; — Chapelle des *Fonts*, par Roger ; — Chapelle de la *Vierge*, par M. Orsel ; — Chapelle des *Morts*, par M. Blondel.

Dans la nef : *Naissance de la Vierge*, par Monvoisin ; *Consécration*, par Vinchon ; *Mariage*, par Langlois ; *Annonciation*, par Dubois, *Visitation*, par Coutand ; *Nativité*, par Hesse ; *Adoration des Mages*, par Granger ; *Assomption*, par Dejuinne ; — *Présentation au temple*, par Heim ; *Jésus avec les Docteurs*, par Drolling ; — *Évangélistes*, par Delorme ; — *Couronnement de la Vierge*, par Picot.

Une œuvre signée Gavarni manque à cette église, métropole du demi-monde.

NOTRE-DAME-DE-PLAISANCE (XIVᵉ arrondissement), bâtie nouvellement pour le village de Plaisance, réuni à Paris en 1860.

NOTRE-DAME-DES-VICTOIRES, appelée vulgairement *les Petits-Pères*, est l'ancienne église du couvent des Augustins réformés dits Petits-Pères. Ces Augustins, appelés à Paris, en 1607, par la reine Marguerite, qui leur donna un terrain au Pré-aux-Clercs, expulsés quelques années après, revinrent en 1619, se logèrent d'abord rue Montmartre, près Saint-Joseph, puis, en 1628, achetèrent, rue du Mail, un terrain où ils bâtirent leur monastère. Louis XIII posa la première pierre de l'église le 9 décembre 1629 et lui donna le nom de Notre-Dame-des-Victoires, en souvenir de ses victoires sur les protestants. La construction en fut longue et dispendieuse, car elle dura jusqu'en 1740 et coûta 1,200,000 livres.

Il est vrai que, dans ce laps de temps, on changea les proportions de l'édifice et qu'on l'agrandit de telle façon que l'église primitive est devenue la sacristie de l'église actuelle. Celle-ci est l'œuvre de Libéral Bruant et de Gabriel Leduc; le portrait est de Cartault.

Le couvent des Petits-Pères était vaste et riche; il s'étendait jusqu'à la place actuelle de la Bourse, et ce sont ces religieux qui ont fait bâtir, pour les louer, les maisons encore subsistantes entre les rues Notre-Dame-des-Victoires et de la Banque.

En 1790, le monastère comptait cinquante religieux et dix serviteurs. Ses revenus montaient à 51,116 livres ; ses dépenses n'étaient que de 29,180 livres 13 sous 9 deniers. Ses biens-fonds et son mobilier représentaient un capital de 2,994,895 livres 13 sous 4 deniers. Il possédait une bibliothèque de 40,000 volumes, des tableaux, des médailles, des antiquités, un cabinet d'histoire naturelle.

L'église Notre-Dame-des-Victoires servit de Bourse pendant quelques années et fut rendue au culte en 1809.

On voit dans cette église les tombeaux de Lulli et de Jean Vassal, par Cotton.

Au-dessus du bénitier est gravée cette inscription, renouvelée de Sainte-Sophie de Constantinople :

Νιψονανομηματαμημονανοψιν

qui peut se lire indifféremment de gauche à droite ou de droite à gauche et signifie : Lavez vos péchés et non pas seulement votre visage.

Tableaux (autour du chœur) par Vanloo : *Actions de grâces pour la prise de la Rochelle;* — *Baptême de saint Augustin;* — *Sacre de saint Augustin; Mort de saint Augustin;* — *Saint Augustin prêchant à Hippone;* — *Saint Augustin et les Donatistes;* — *Translation des reliques de saint Augustin.*

Statue de *Saint Augustin,* par Pigalle.

Notre-Dame-des-Victoires est le centre de la dévotion à l'Immaculée-Conception. C'est une cure de 1ʳᵉ classe.

Les bâtiments du couvent furent longtemps affectés, partie à la mairie du IIIᵉ arrondissement, partie à une caserne. Sur le terrain qu'ils occupaient on a ouvert les rues de la Banque et Paul-Lelong, construit la mairie du nouveau

IIIe arrondissement et reconstruit la caserne de la garde de Paris.

Saint-Philippe-du-Roule, dans la partie de la rue du Faubourg-Saint-Honoré qui s'appelait Faubourg du Roule, existait déjà au XIIIe siècle, comme chapelle d'une léproserie dite *Hostel du bas Rolle*. Érigée en paroisse au XVIIIe siècle, elle a été reconstruite, sur les plans de Chalgrin, de 1760 à 1784, et agrandie récemment.

La coupole de l'hémicycle a été peinte par Chassériau (*Descente de Croix*), la chapelle de la Vierge par Jacquand (*Assomption*). On y voit, en outre, un tableau par Degeorges (*Martyre de saint Jacques*).

Saint-Philippe-du-Roule est la seconde succursale de la Madeleine.

Saint-Pierre-de-Chaillot, rue de Chaillot, existait déjà au XIe siècle et dépendait alors de Saint-Martin-des-Champs. Rebâtie dans la suite, mais encore selon le style ogival, elle subit, aux XVIIe et XVIIIe siècles, des réparations qui l'ont dénaturée.

Cette église, troisième succursale de la Madeleine, ne possède aucun objet d'art. La cure est de première classe.

SAINT-PIERRE-DU-GROS-CAILLOU, rue Saint-Dominique, 170. — Le quartier qu'on appelait *la Grenouillère*, parce qu'il s'étendait jusqu'aux bords marécageux de la Seine, puis du *Gros-Caillou*, à cause d'un bloc de pierre, ancienne borne de propriété, appartenait à la paroisse Saint-Sulpice, mais se trouvait fort éloigné de l'église. En 1652, on y bâtit une petite chapelle, qui dura fort peu de temps. En 1738, on construisit une église plus grande; enfin, en 1763, on posa la première pierre d'une troisième église, qui n'était pas achevée lors de la Révolution et fut démolie en 1798.

En 1822, l'emplacement de cette église fut racheté par la ville, qui fit construire l'édifice actuel sur les plans de M. Godde.

Rien à voir dans cette église.

SAINT-PIERRE-DE-MONTMARTRE, Petite-Rue-Saint-Denis (XVIIIe arrondissement), est la plus ancienne église des territoires annexés en 1860, et une des plus anciennes du Paris actuel.

Dès les premiers temps du christianisme en Gaule, il y eut sur le sommet de Montmartre une église qui paraît avoir eu de l'importance, et qui fut détruite par les Normands. A la place fut bâtie une chapelle qui appartenait, au XIIe siècle, au monastère de Saint-Martin-des-Champs. A la prière de sa femme Alix, le roi Louis VI l'acheta en 1135 et fit construire l'église actuelle, qui fut bénie par le pape Eugène III. Louis VI construisit, en outre, un monastère, qu'il dota largement et où il installa des bénédictines. Ce monastère prospéra, s'enrichit; les mœurs, primitivement très austères, se corrompirent si bien qu'au XVe siècle l'évêque de Paris dut essayer de les réformer en adjoignant aux bénédictines des religieuses de Fontevrault. En 1559, le monastère fut presque détruit par un incendie, mais restauré aussitôt. Les guerres de religion amenèrent de nouvelles causes de désordre. Henri IV, assiégeant Paris, établit des batteries à Montmartre, logea de sa personne à l'abbaye et devint l'amant de l'abbesse Claude de Beauvilliers. Marie de Beauvilliers, nièce et successeur de Claude, résolut de rétablir l'ordre dans le monastère, mais ce ne fut pas sans risquer plusieurs fois de périr par le poison. Sa vie, du moins, en fut abrégée, et, poursuivie jusque dans la mort, elle passa pour avoir joué près du roi le rôle qui fut celui de sa tante.

Montmartre devint abbaye royale, c'est-à-dire
que les abbesses, au lieu d'être élues par les religieuses, étaient nommées par le roi. On
compta alors parmi elles des femmes appartenant aux plus hautes familles et même des princesses de sang royal. Plusieurs ont laissé leur
nom à des rues ouvertes sur les dépendances de
l'abbaye : rue La Rochefoucauld, Laval (Montmorency), Bellefonds, La Tour-d'Auvergne,
Rochechouart.

Louis XIV fit construire, à mi-côte de la montagne, de nouveaux bâtiments pour remplacer
ceux du sommet qui tombaient en ruines et où
il faisait trop froid. L'église de Louis VI fut alors
affectée au service paroissial du village de Montmartre.

Des bâtiments du XIIe siècle et de ceux de
Louis XIV il ne reste pas vestige. La vieille
église est seule debout. Sur l'abside on éleva,
pendant la Révolution, une tour, au sommet de
laquelle fut placé un télégraphe. Le télégraphe
a disparu ; la tour subsiste encore, inutile et
dénaturant l'abside, curieux morceau d'architecture qui n'a d'égal à Paris que l'abside de
Saint-Martin-des-Champs.

Bien que défigurée intérieurement par d'ab-

sur des réparations, déshonorée au siècle dernier par un portail ridicule et un clocher barbare, l'église Saint-Pierre mérite la visite atten-
tive des archéologues.

Deux colonnes de marbre noir placées au-
dessous des orgues, deux autres semblables dans
l'abside, plusieurs chapiteaux de marbre blanc
surmontant des colonnes de la nef, proviennent
de l'église primitive de Montmartre, peut-être
même du temple païen de Mars qui existait, du
temps des Romains, sur la montagne, et dont
Sauval voyait encore quelques vestiges.

Au midi de l'église se trouve une sorte de jardin appelé *le Calvaire*, où l'on voit quelques débris provenant de l'ancien monastère, entre autres une belle pierre tombale d'abbesse, du
XII⁰ siècle, portant, gravée en creux, l'effigie
de l'abbesse revêtue du costume de sa dignité et
tenant la crosse. Cette pierre, après avoir servi,
pendant près de quarante ans, de margelle à la
fontaine du But, située sur le versant nord de la
montagne, est encore exposée aux injures de
l'air...

Au nord de l'église est le vieux cimetière de
Montmartre, contenant encore quelques tombes
abandonnées, dont l'une est celle de Bougainville.

Les orgues de l'église viennent de l'ancienne église Notre-Dame-de-Lorette.

La cuve baptismale est du XVIe siècle.

La reine Alix était enterrée dans cette église, ainsi que plusieurs abbesses. Rien n'indique plus leurs sépultures. Rien cependant ne témoigne que les tombes aient été violées à la Révolution.

Saint-Pierre-de-Montmartre est cure de première classe.

SAINT-PIERRE-DU-PETIT-MONTROUGE, carrefour des Quatre-Chemins (XIVe arrondissement), a été construite tout récemment pour le quartier formé au Petit-Montrouge, détaché de la commune de Montrouge et réuni à Paris en 1860.

La cure est de première classe.

SAINT-ROCH, rue Saint-Honoré, a été précédé par deux chapelles : l'une dite de *Sainte-Suzanne*, dont l'origine n'est pas connue; l'autre, *des Cinq-Plaies*, fondée, en 1521, par Jean Dinocheau.

Ces deux chapelles furent remplacées, en 1587, par une église qui devint paroisse en

1633. Celle-ci ne suffisant plus, on résolut d'en construire une nouvelle, dont Louis XIV et sa mère Anne d'Autriche posèrent la première pierre, le 28 mars 1653. Le portail est de Robert de Cotte. La construction de cet édifice dura longtemps et ne fut terminée qu'au XVIIIᵉ siècle par le moyen d'une loterie.

En 1790, la cure de Saint-Roch rapportait 8,703 livres avec 6,742 livres de charges. La communauté des prêtres avait un revenu de 12,300 livres et 12,530 livres de dépense.

La paroisse actuelle jouit d'un revenu de plus 100,000 francs.

Saint-Roch contenait de nombreuses sépultures, entre autres celles de Pierre Corneille, de Mᵐᵉ Deshoulières, de Mignard, de Regnier Desmarets, de Mˡˡᵉ de La Vallière, etc.

En 1795, cette église fut donnée aux Théophilanthropes et devint le temple du *Génie*.

Cette même année, dans la journée du 13 vendémiaire, les sections insurgées se portant vers la Convention, un de leurs détachements occupa le perron de Saint-Roch. Bonaparte fit d'abord tirer sur eux à mitraille, puis lança à l'assaut un bataillon de volontaires patriotes qui délogea les royalistes. La façade de l'église a longtemps gardé la marque de la mitraille et des balles.

Après la Restauration, Saint-Roch reçut divers objets d'art provenant du Musée des monuments français, notamment des groupes et statues d'Anguier, de Falconet, d'Adam, de J.-B. Lemoine, les mausolées de Maupertuis, du cardinal Dubois, de Mignard. De ce dernier on a détaché la statue de sa fille, Mme de Feuquières, que l'on a placée, sous le nom de la Madeleine, au pied de la croix dans le Calvaire. La décoration de ce Calvaire a été exécutée sur les dessins de Falconet, qui a fait les sculptures de la chapelle de la Vierge, dont le plafond a été peint par Pierre. Ce même peintre a fait le plafond de la chapelle de la Communion, dont les sculptures sont de Paul Slodtz.

Le portail de Saint-Roch a été restauré dans ces dernières années.

La cure est de deuxième classe.

Sculptures : *Nativité du Christ*, par Fr. Anguier ; — *Christ en croix*, par Michel Anguier ; — *Madeleine, saint Joachim et sainte Anne, Baptême du Christ*, par Lemoine ; — *Saint Roch*, par Coustou ; — *Les Pères de l'Église latine, Christ agonisant,* par Falconet; — Buste de *Le Nostre,* par Coyzevox; — *Cardinal Dubois,* par G. Coustou; — Médaillons du *Maréchal de Lesdiguières,* par Coustou, de *Madame Lalive de Sully,* par Falconet; — Statue de *Créqui,* tombeau de *Maupertuis,* par d'Huez; — *Crucifiement,* par Duseigneur; — *Christ au tombeau,* par Deseine; — *Vierge,* par Bogino; — Tombeau de *l'Abbé de l'Épée,* par Préault; — *Mignard,* par Desjardins.

Tableaux : *Triomphe de Mardochée,* par Jouvenet; — *Circoncision,* par Restout; — *Résurrection de Lazare, Christ et les enfants, Prédication de saint Denis,* par Vien; — *Miracle des Ardents,* par Doyen; — *Jésus chassant du temple les vendeurs,* par Thomas; — *Fille de Jaïre,* par Delorme; — *Saint Sébastien,* par Rémy; — *Capucins faisant l'aumône,* par Ogier; — *Saint Jean dans le désert,* par Champmartin; — *Vœu à la Madone,* par Schnetz; — *Christ en croix,* par Abel de Pujol; — *l'Eunuque baptisé,* par Chassériau.

Chapelles : des *Fonts,* par Dureau; — de *l'Enfant-Prodigue,* par Guantin; — des *Saintes-Femmes,* par Charpentier; — de *Saint-Étienne,* par Roux; — du *Purgatoire,* par Boulanger; —

de *Saint-Vincent-de-Paul*, par Porion ; — de *Saint-
François-de-Paule*, par Ary Scheffer et Loyer ; —
de *Saint-Charles-Borromée*, par Raymond Balze ;
— de *Sainte-Clotilde*, par Devéria ; — de *Sainte-
Madeleine*, par Brisset ; — de *Sainte-Thérèse*, par
Bohn ; — de *Sainte-Catherine*, par Brum.

SAINT-SÉVERIN, rue Saint-Séverin, doit son origine à un oratoire, appelé d'abord Saint-Clé-
ment, et qui prit le nom du solitaire saint Séverin lorsque celui-ci, après y avoir vécu, y
mourut et y fut enterré au VIe siècle. Le roi
Henri Ier donna, en 1031, cet oratoire à l'évêque
de Paris. L'église actuelle fut commencée vers
la fin du XIe siècle, réédifiée au XVIe, agrandie
et dénaturée au XVIIe.

Autrefois l'église Saint-Séverin distribuait,
chaque année, un prix de vertu aux cinq filles
les plus sages de la paroisse. En trouverait-elle
aujourd'hui le placement dans ce quartier
d'étudiantes ?

C'est à Saint-Séverin que furent placées les
premières orgues que l'on ait entendues à Paris.
Le buffet actuel est du XVIIIe siècle.

L'église Saint-Séverin possédait autrefois de
nombreuses sépultures, parmi lesquelles celles

d'Étienne Pasquier, Scévole de Sainte-Marthe, Louis Moréri, etc.; on voit encore une assez grande quantité d'inscriptions funéraires.

L'église a conservé de beaux vitraux des XV° et XVI° siècles.

En 1790, la cure de Saint-Séverin rapportait environ 5,000 livres et avait près de 1,900 livres de charges.

Peintures : *Prédication de saint Jean-Baptiste, Baptême du Christ, la Cène, Saint Jean à Pathmos, Saint Jean plongé dans l'huile bouillante, Vocation de saint Jean et de saint Jacques,* par Hipp. Flandrin ; — *Naissance de la Vierge, Présentation,* par Heim ; — *Mariage de la Vierge, Fuite en Égypte,* par Signol ; — *Prédication de saint Pierre, Martyre de saint André,* par Schnetz ; — *Repentir de saint Pierre, Saint Pierre et saint Paul en prison, Conversion de saint Paul, Glorification des deux apôtres,* par Biennoury ; — *Le Christ chez Marthe et Marie, Madeleine aux pieds de Jésus, Madeleine au désert,* par Murat ; — *Sainte Geneviève faisant l'aumône, la Peste à Paris, Communion de sainte Geneviève, Sainte Geneviève bergère,* par Alex. Hesse ; — *Scènes de la vie des deux saints Séverin,* par Cornu ; — *Belzunce à Marseille, Communion de saint Gérôme,* par

Gérôme; — *Saint Louis portant la couronne d'épines, Mort de saint Louis*, par Leloir; — *Saint Charles Borromée à Milan, Mort de saint Charles Borromée*, par Jobbé Duval; — *Scènes de la vie de saint François de Sales*, par Steinhell.

Entre les charniers de Saint-Séverin se trouve le jardin du presbytère autrefois cimetière de l'église, où fut pratiquée pour la première fois l'opération de la pierre, en janvier 1374, sur un voleur condamné à mort, qui obtint sa grâce.

Saint-Séverin est une des églises de Paris qui méritent le plus d'être visitées.

La cure est de deuxième classe.

SAINT-SULPICE s'élève sur le même emplacement où existait précédemment une église du XIIIe siècle dédiée à saint Pierre, qui avait été construite pour suppléer à l'insuffisance de la chapelle portant le même vocable, mais qu'on appelait par contraction *Saint-Père*, et qui a laissé son nom, singulièrement altéré, à la rue où elle était située (rue des *Saints-Pères*).

Dès le XIVe siècle, l'église Saint-Pierre portait généralement le titre de *Saint-Sulpice*. Devenue, à son tour, insuffisante, elle fut abba-

tue au XVII* siècle pour faire place à une église
plus vaste, dont Anne d'Autriche posa la première pierre le 20 février 1646, et dont la construction fut dirigée par Christophe Gamart, qui
en avait dressé les plans. Les travaux durèrent
longtemps. Levau, puis Gittard, succédèrent à
Gamart. En 1678, on s'arrêta, faute de fonds.
Le curé Languet de Gergy sollicita le zèle des
paroissiens, obtint du roi une loterie, et l'on se
remit à l'œuvre. Gittard fils, secondé par Op-
panord, éleva le portail de la rue Palatine.
Celui de la façade fut construit en 1733, par
Servandoni. Après cet architecte, Chalgrin entreprit, en 1777, de modifier le plan de la partie
supérieure et des tours. Il refit la tour du nord,
mais la Révolution l'empêcha de toucher à celle
du sud, qui, commencée en 1749 par Maclaurin,
resta et est encore inachevée. C'est pour cette
raison que les deux tours sont dissemblables et
d'inégale hauteur, et non pas, comme le prétend une erreur populaire, parce que les cathédrales seraient seules en droit d'avoir des tours
égales.

La galerie du portail principal présente quatre
socles destinés à recevoir autant de statues. Les
statues sont faites depuis longues années et

SAINT-SULPICE

attendent, dans la galerie même, qu'on se décide
à les mettre en place.

A l'intérieur, on remarque surtout la chapelle
de la Vierge ; sur la coupole François Lemoine
a peint une *Assomption* d'un bel effet ; les sculptures sont des frères Slodtz. La statue de la
Vierge est de Pigalle ; elle est éclairée par un
jour venant d'en haut. Les panneaux sont de
Vanloo.

Si l'architecture de l'église est un peu massive,
la grandeur des dimensions permet de donner
aux cérémonies religieuses une pompe très
développée.

Saint-Sulpice était, avant la Révolution, une
des paroisses les plus étendues et les plus riches
de Paris. En 1790, le curé déclarait un revenu
de plus de 15,000 livres pour la cure, mais
aussi des charges montant à plus de 20,000 livres. La communauté des prêtres possédait
42,815 livres de revenu, celui des pauvres montait à 10,961 livres. La paroisse possédait depuis
peu un hospice fondé par Louis XVI en 1778,
et qui est devenu l'hôpital Necker.

En 1785, Saint-Sulpice fut concédé aux Théophilanthropes, qui en firent le temple de *la
Victoire*. C'est là que, le 5 novembre 1799, fut

donné un grand banquet au général Bonaparte.

L'église Saint-Sulpice renferme un grand nombre de tableaux et de statues généralement assez médiocres. Dans le nombre on distingue : dans la chapelle des Saints-Anges, *Saint Michel vainqueur de Satan* (plafond), *Héliodore battu de verges*, *Jacob luttant avec l'Ange*, par Eugène Delacroix; — *les Ames du Purgatoire*, par Heim : — *Saint Roch*, par Abel de Pujol; — *Saint Maurice*, par Vinchon; — *Saint François Xavier*, par Lafon; — *Saint François de Sales*, par Hesse; — *Saint Paul*, par Drolling; — *Saint Vincent de Paul*, par Guillemot; — *Saint Jean*, par Gleize; — *Saint Denis*, par Jobbé Duval.

La cuve baptismale est du XVIe siècle, la chaire est du XVIIIe. Le buffet d'orgues est de Cliquot; il a été restauré en 1861, par M. Cavaillé-Coll.

Les bénitiers sont formés de deux gigantesques conques marines données par François Ier, qui les avait reçues en cadeau de la République de Venise; elles sont placées sur des supports figurant des rochers, sculptés par Pigalle.

Saint-Sulpice contenait un assez grand nombre de sépultures, entre autres celles du maréchal de Lowendal, de la duchesse de Lauraguais, de Claude Dupuy, de Jouvenet, de Baluze, etc. On

voit encore dans l'église le tombeau du curé
Languet de Gergy, œuvre de Michel Slodtz, et
celui d'un autre curé, M. Pierre.

Dans le transsept, on remarque une méridienne, tracée sur les dalles de l'église par une
ligne de cuivre qui se prolonge du bas en haut
d'un obélisque en marbre blanc où sont figurés
les signes du zodiaque. Cette méridienne a été
exécutée, de 1723 à 1748, par H. Sully et Lemon-
nier, pour indiquer l'équinoxe de printemps et
le jour de Pâques. Au moment du midi, vrai, un
rayon de soleil, pénétrant (si le jour est serein)
par une ouverture circulaire ménagée dans la
fenêtre du transsept méridional, à une hauteur
de 25 mètres, suit la ligne de cuivre et monte
le long de l'obélisque, qui a 18 mètres de haut.

Saint-Sulpice est renommé pour l'éclat des
cérémonies, surtout aux fêtes solennelles.

La fête de saint Fiacre, patron des jardiniers
(30 août), y est célébrée avec un grand luxe d'ar-
bustes en fleurs.

Saint-Sulpice est cure de 1re classe. Les revenus de la paroisse dépassent 100,000 francs.

SAINT-THOMAS-D'AQUIN était l'église du *Noviciat
des Dominicains* ou *Jacobins*, fondé en 1631, par

la protection de Richelieu, au faubourg Saint-Germain, dans la rue des Vaches, à laquelle ils obtinrent l'autorisation de donner le nom de *Saint-Dominique*, fondateur de leur ordre, nom qui existe encore. Leur installation fut d'abord modeste. Devenus plus riches, ils résolurent de faire construire une église assortie à leur fortune. Pierre Bullet en donna les plans, et la première pierre en fut posée, le 5 mars 1683, par l'archevêque d'Albi et la duchesse de Luynes, Anne de Rohan Montbazon. L'église était achevée l'année suivante. Le plafond du chœur a été peint par Lemoine en 1724.

Les bâtiments conventuels furent construits de 1682 à 1740.

L'église contenait, entre autres sépultures, celle du maréchal de Navailles et celle de François Romain, religieux de la maison, qui a construit le pont Royal.

En 1790, le couvent avait un revenu de 90,078 livres et des charges de 44,207 livres. Il possédait une bibliothèque de douze à treize mille volumes.

En 1795, l'église concédée aux Théophilanthropes devint le temple de *la Paix*. Ce titre ne fut pas une vérité, car c'est dans ce temple que naquirent les dissidences qui amenèrent la ruine de la nouvelle secte.

L'église fut rendue au culte en 1803.

Les bâtiments conventuels sont affectés au *Musée d'artillerie*.

Saint-Thomas-d'Aquin possède une *Descente de Croix*, de Guillemot, et *Saint Thomas apaisant une tempête*, par Ary Scheffer. Les peintures des transsepts et de la coupole du rond-point sont de Blondel.

Saint-Thomas est cure de 2ᵉ classe.

La Trinité fut d'abord une petite chapelle située rue de Calais et construite en 1840. Bientôt insuffisante, cette église fut transférée dans un édifice bâti en 1854 vers le bas de la rue de Clichy et dépourvue de toute valeur artistique. Enfin, un décret du 25 décembre 1860 prescrivit la construction d'une église définitive sur des terrains compris entre les rues de Clichy, Blanche et Saint-Lazare, dans l'axe de la rue de la Chaussée-d'Antin. Les travaux ont été commencés en juin 1861, sur les plans et sous la direction de M. Ballu, architecte.

La façade, très richement sculptée, a un porche à trois arcades, où l'on peut arriver

en voiture par deux rampes douces. Au-dessus
règne un étage élégant avec une galerie, une
à jour et deux fenêtres géminées, comme on en
voit dans les nombreuses églises d'Italie qui
datent du XVIᵉ siècle. Le tout est surmonté
d'un joli clocher, haut de 63 mètres, terminé
par deux dômes superposés. Quant aux piliers
de la façade, ils sont décorés de statues de Pères
de l'Église et de quatre groupes représentant
les vertus cardinales. Enfin, pour compléter cet
ensemble gracieux, deux lanternes placées de
chaque côté de la nef accompagnent le clocher.

Une pléiade d'artistes est venue rivaliser de
zèle et de goût pour rendre l'intérieur digne
de l'extérieur. En entrant, c'est d'abord *Gumery*,
dont on voit les statues en marbre de l'Innocence
et de la Pureté surmonter d'élégants bénitiers;
puis *Lévy* et *Delaunëy* dont les peintures, avec
les vitraux d'*Oudinot*, concourent à orner la
grande chapelle de l'abside. Dans la nef, c'est
Jobbé-Duval, dans les chapelles de droite, *Brisset*,
Lecomte-Dunoy, *Barrias* et *Laugée*, dans les
autres, en revenant, *Thirion*, *Cazes*, *Dumas* et
Français qui, tous, ont donné libre carrière à
leur puissante verve.

LA TRINITÉ

De belles colonnes en pierre du Jura séparent
les deux bas côtés de la grande nef, et alternent
avec des piliers décorés de statues des apôtres
et surmontés de tribunes.

La grande nef est coupée par quatre travées
à doubles arcades auxquelles correspondent de
chaque côté des chapelles également à doubles
arcades. Le chœur, dans lequel fait saillie la
galerie formant les bas côtés, est exhaussé au-
dessus d'une crypte. Le dais du maître-autel est
une vraie merveille, et les colonnes en stuc vert
qui soutiennent les tribunes dans cet endroit
reposent l'œil d'une façon agréable.

En somme, *la Trinité* est une église gracieuse,
riche et élégante.

VAL-DE-GRACE (Église du). — Voir page 72.

SAINT-VINCENT-DE-PAUL, rue et place La-
fayette, a été construit sur les plans de
M. Lepère, continués, après lui, par M. Hittorf,
pour remplacer une chapelle provisoire située
rue Montholon. Les travaux de cette église,
commencés en 1824, n'ont été achevés qu'en
1844.

Le bas-relief du fronton est de M. Lemaire ; les statues des Évangélistes sont de MM. Barre, Brion, Foyatier et Valois. Les portes en bronze ont été exécutées sur les modèles de M. Eugène Farochon, qui, pour représenter les Apôtres, s'est inspiré des documents du temps et non des traditions admises.

Le maître-autel est surmonté d'un Calvaire de Rude.

Sur la façade, statues de *Saint Pierre* et de *Saint Paul*, par Ramey.

Les peintures de Flandrin, dans la nef, ont pour sujet l'*Évangile prêché aux nations leur ouvre les portes du ciel*.

Coupole du chœur, *Saint Vincent de Paul au pied du trône de Jésus-Christ*, par Picot, qui a peint aussi sur la frise *les Sept Sacrements*.

Dans le chœur et le sanctuaire, statues par Derre, représentant les patrons des princes de la famille de Louis-Philippe.

Les bas-reliefs de la chaire : *la Foi, l'Espérance, la Charité, la Prédication de saint Jean-Baptiste, la Prédication de Jésus-Christ*, sont de J. Duseigneur.

Vitraux de MM. Maréchal et Grignon.

HÉLÈNE DOETZEL
FRANÇAIS
VUE DU VAL-DE-GRACE

LE PANTHÉON. L'édifice dont Soufflot fut chargé de diriger la construction était destiné à remplacer l'église de l'abbaye Sainte-Geneviève, qui menaçait ruine au milieu du XVIII⁰ siècle et qui ne fut démolie que vers 1806. (Voir *Lycée Napoléon.*)

Les travaux furent commencés en 1758. Dès le début, on rencontra au-dessous du sol de nombreuses excavations que l'on n'avait pas soupçonnées et qu'il fallut combler. En 1763, l'église souterraine était achevée. En 1764, Louis XV posa la première pierre du dôme.

L'œuvre achevée excita une grande admiration que vint, presque aussitôt troubler une grande crainte. Le poids de l'édifice fit tasser les remblais et l'on redouta un écroulement général. L'envie ne manqua pas d'accuser Soufflot, et ce fut à un autre, l'architecte Rondelet, que fut confié le soin de consolider l'édifice. Il suffit de remplacer par des piliers pleins les colonnes séparées qui surmontaient le dôme. Justice a été plus tard, rendue à Soufflot, et il eut sa tombe dans l'église qu'il avait bâtie, mais il l'eut cinquante ans après sa mort, en 1829.

Cette église n'était pas encore consacrée au culte lorsque l'Assemblée constituante l'affecta à la destination que M. Quinet vient d'expliquer et de commenter si éloquemment.

Outre Mirabeau et Marat, Voltaire et Rousseau, les honneurs du Panthéon furent décernés, pendant la Révolution, à Lepelletier de Saint-Fargeau, aux jeunes Barra et Viala.

Remplaçant une croix rayonnante, sculptée par Coustou, Moitte représenta, sur le fronton, la Patrie distribuant des récompenses, motif dont s'est inspiré David, en le transformant dans la belle composition qui décore aujourd'hui le tympan du fronton. D'autres groupes sculptés étaient placés sous le vestibule. Une statue de la Renommée devait surmonter la coupole. Il fallut modifier pour cela le sommet de la lanterne. On voit encore la trace des travaux commencés à cet effet et qui ne furent point achevés : d'ignorants *cicerones* disaient et disent peut-être encore, en montrant ces traces aux curieux, que la Révolution avait décrété la démolition du monument et l'avait même commencée !

Napoléon, après avoir fait mettre le maréchal Lannes au Panthéon, redevenu l'église Sainte-Geneviève, affecta cette église à la sépulture des sénateurs et autres dignitaires.

VUE DU PANTHÉON

19

La Restauration fit dérober nuitamment les
restes de Voltaire et de Rousseau, qui furent
jetés dans un trou près de la Bièvre. Elle fit
aussi détruire le fronton de Moitte et enlever les
groupes et bas-reliefs républicains, qui furent
relégués longtemps sous un hangar dans une
cour du collège Henri IV. La Restauration du
moins, atténua ces actes de vandalisme royal
en chargeant le peintre Gros de représenter,
sur la voûte de la seconde coupole, l'apothéose
de sainte Geneviève.

La Révolution de Juillet faisant revivre la loi
de 1791, rendit le Panthéon à la destination que
la Constituante lui avait donnée et y rétablit la
dédicace révolutionnaire. Mais aucun grand
homme n'y a reçu la sépulture. Le magnifique
fronton de David garde seul le souvenir de cette
restitution, car les tables de bronze où étaient
gravés les noms des citoyens tués dans les
journées de Juillet 1830 ont disparu. Le gouvernement du roi Louis-Philippe a fait aussi
remettre en place les groupes et bas-reliefs de
la Révolution, et y a ajouté un groupe de *Sainte-
Geneviève arrêtant Attila*, par Maindron.

La République de 1848 n'eut rien à changer
au Panthéon. Le célèbre physicien M. Foucaux

disposa au milieu de l'édifice un appareil qui démontrait, d'une manière visible, le mouvement de rotation de la terre.

En décembre 1851, un décret contresigné Fourtoul, rapporta l'ordonnance royale de 1830, c'est-à-dire enleva le Panthéon aux grands hommes et le rendit, une seconde fois, au culte catholique, pour le service duquel fut, un peu plus tard, instituée une communauté de chapelains avec un doyen.

Le Panthéon (la voix populaire lui conserve ce nom), bâti en forme de croix grecque, mesure 113 mètres de longueur, y compris le péristyle, sur 84^m,50 de largeur. Le dôme qui a 23^m,15 de diamètre, s'élève à 83^{m}11 au-dessus du pavé de la nef. Le sommet de la lanterne domine de 117^m,60 le niveau moyen de la Seine, et de 143^m,36 celui de la mer. Chaque colonne du péristyle est haute de 18^m,92 et a 1^m,80 de diamètre.

TABLE DES MATIÈRES

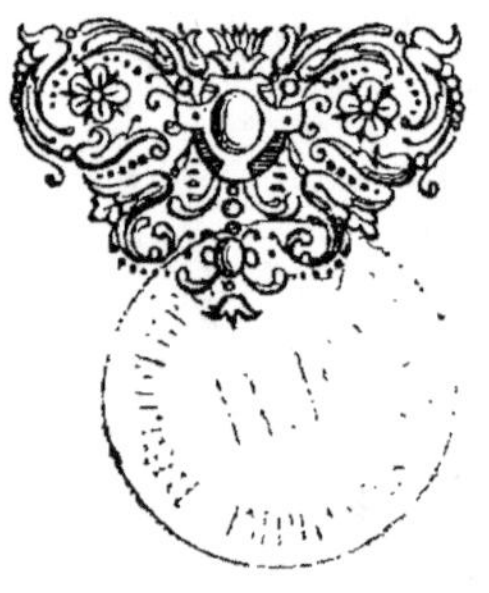

On a dit avec raison de l'*Histoire romaine*, de Mommsen, que c'est une véritable Encyclopédie de l'antiquité romaine.

M. Mommsen est, en effet, un savant. Il occupe sans comparaison la première place parmi les archéologues de l'Allemagne.

On aurait pu craindre cependant que l'illustre archéologue, s'enfermant en quelque sorte dans un cercle d'idées particulières, n'écrivît que pour les savants. Point. Non seulement il a écarté de son livre tout appareil d'érudition et de notes, mais on n'y rencontre pas la moindre discussion. C'est, il est vrai, un exposé précis des faits constatés par la science; mais cet exposé, simple et rapide, ne suit pas servilement les annalistes : il abonde au contraire en considérations générales de l'ordre le plus élevé, et, à chaque page, on s'aperçoit qu'on est en face d'un penseur et d'un esprit vigoureux. Le mérite d'une œuvre ainsi conçue est d'éveiller la réflexion, tout en donnant satisfaction au besoin de connaître la vérité.

Ce qui donne une supériorité incontestable à Mommsen sur les historiens qui ont abordé le même sujet, c'est qu'il a compris que toutes les manifestations du génie d'un peuple sont solidaires, et qu'il a su les embrasser d'un seul coup d'œil ; c'est aussi la hauteur de vues avec laquelle il envisage le mouvement historique dont il nous montre l'origine, les vicissitudes, l'essor, l'apogée, le déclin, l'influence sur les périodes ultérieures.

Les portraits — entre autres ceux de Sylla, de Cicéron, de César — sont tracés de main de maître.

On a reproché à Mommsen de s'être montré trop favorable à César, et d'avoir défendu l'absolutisme. C'est une erreur. Il admire César comme un homme de génie, il est vrai ; il éprouve une vive joie à le voir triompher de ses ennemis, mais pourquoi ? Parce que ses ennemis, à part le seul Caton, lui apparaissent comme des phraseurs sans énergie. . . . .

L'*Histoire romaine* de Mommsen devait sans aucun doute figurer au premier rang dans la collection des *Grands Historiens contemporains étrangers ;* en la publiant dans un format commode et à un prix abordable, les éditeurs ont rendu grand service à tous ceux qui s'occupent des études historiques.

LAURENT (Fr.)
HISTOIRE DU DROIT DES GENS
ÉTUDES SUR L'HISTOIRE DE L'HUMANITÉ

18 vol. grand in-8°. . . . . **162** fr.

ON VEND SÉPARÉMENT :

Tome I.	L'Orient. In-8°.	9 fr.
Tome II.	La Grèce. In-8°.	9 fr.
Tome III.	Rome. In-8°	9 fr.
Tome IV.	Le Christianisme. In-8°	9 fr.
Tome V.	Les Barbares et le Christianisme. In-8°.	9 fr.
Tome VI.	La Papauté et l'Empire. In-8°.	9 fr.
Tome VII.	La Féodalité et l'Église 1 vol. in-8	9 fr.
Tome VIII.	La Réforme. 1 vol. in-8°.	9 fr.
Tome IX.	Les Guerres de Religion. 1 vol. in-8°.	9 fr.
Tome X.	Les Nationalités. 1 vol. in-8°.	9 fr.
Tome XI.	La Politique royale. 1 vol. in-8°.	9 fr
Tome XII.	La Philosophie du xviii° siècle et le Christianisme.	
	1 vol. in-8°	9 fr.
Tomes XIII et XIV.	La Révolution française. 2 vol. in-8°	18 fr.
Tome XV.	L'Empire. 1 vol. in-8°.	9 fr.
Tome XVI.	La Réaction religieuse. 1 vol. in-8°.	9 fr.
Tome XVII.	La Religion de l'Avenir. 1 vol. in-8°.	9 fr.
Tome XVIII.	La Philosophie de l'Histoire. 1 vol. in-8°	9 fr

MOTTLEY

LA RÉVOLUTION DES PAYS-BAS

DU XVIᵉ SIÈCLE

FONDATION DE LA RÉPUBLIQUE

DES PROVINCES-UNIES

6 vol. in-18 à 3 fr. 50. . . . . 21 fr. »»

(Cartonnage à l'anglaise, 50 c. en sus par volume)

L'Histoire des Pays-Bas au XVIᵉ siècle est d'une haute importance pour l'histoire générale de la civilisation. Historien sérieux et convaincu, M. Mottley n'a commencé son œuvre qu'après les études les plus approfondies ; après avoir examiné les documents déjà connus du public, il en a recherché de nouveaux ; il a voyagé, il a séjourné longtemps en Hollande, en Belgique, en Allemagne ; il a visité les théâtres des événements, il a fouillé dans les bibliothèques, dans les archives, dans les collections de manuscrits ; il rend d'ailleurs compte dans sa préface des sources d'informations, jusque-là méconnues, où il a puisé, et la lecture de son ouvrage confirme pleinement, quant à sa profonde étude du sujet, la confiance qu'inspire, au premier aspect, le simple exposé de ses travaux.

BUCKLE

HISTOIRE DE LA CIVILISATION

EN ANGLETERRE

(Traduction **BAILLOT**)

5 vol. in-18 à 3 fr. 50. . . . . 17 fr. 50

(Cartonnage à l'anglaise, 50 c. en sus par volume)

Henry Thomas Buckle est un des plus grands historiens du siècle. Avec une puissance de style et une grande élévation dans ses recherches des actions humaines, il étudie les lois intellectuelles et physiques qui les régissent.

Son *Histoire de la civilisation,* basée sur les sciences naturelles, n'est pas l'exposé d'une période de l'histoire d'Angleterre, mais bien un aperçu général des affaires humaines et de la marche des nations.

GRANDS HISTORIENS CONTEMPORAINS ÉTRANGERS

Buckle. — *Histoire de la Civilisation en Angleterre.* Traduction Baillot. Nouvelle édition. 5 vol. in-18, à 3 fr. 50. . . . . **17 fr. 50**

Mommsen. — *Histoire Romaine.* Trad. de Guerle. Nouvelle édition, 7 vol. in-18, à 3 fr. 50. . . . . **24 fr. 50**

Mottley. — *La Révolution des Pays-Bas au XVIe siècle.* Nouvelle édition. 6 vol. in-18, à 3 fr. 50. . . . . **21 fr.**

G. Bancroft. — *Histoire des États-Unis d'Amérique.* Trad. de M. I. Gatti de Gamond. 9 vol. in-8°. . . . . **54 fr.**

Dixon. — *La Nouvelle Amérique.* 1 vol. in-8°. . . . . **7 fr. 50**

J.-W. Draper. — *Histoire du Développement intellectuel de l'Europe.* Trad. de L. Aubert. 3 vol. in-8°. . . . . **18 fr.**

Max Duncker. — *Les Egyptiens.* — *Les Nations sémitiques.* — *Histoire de l'Antiquité.* Nouvelle édition. 1 vol. in-8°. . . . . **6 fr.**

G.-G. Gervinus. — *Histoire du XIXe siècle,* depuis les traités de Vienne, avec l'*Introduction* d'après la 4e édition allem. Trad. de J.-F. Minssen. 23 vol. in-8°. . . . . **138 fr.**

— *Insurrection de la Grèce.* 2 vol. in-8°. . . . . **12 fr.**

R. Gneist. — *La Constitution communale de l'Angleterre,* son histoire, son état actuel ou le *Self-Government.* Trad. de Hippert, 5 vol. in-8°. . . **30 fr.**

G. Grote. — *Histoire de la Grèce,* depuis les temps les plus reculés jusqu'à la fin de la génération contemporaine d'Alexandre le Grand. Trad. de A.-L. de Sadous. 19 vol. in-8° (ouvr. cour. par l'*Académie française*). . . **114 fr.**

J.-G. Herder. — *Philosophie de l'Histoire de l'Humanité.* Trad. de E. Tandel. 3 vol. in-8°. . . . . **18 fr**

W. Irving. — *Histoire et Légende de la Conquête de Grenade,* précédé d'une Etude sur les ouvrages de Washington Irving. Trad. de Xavier Eyma. 2 vol. in-8°. . . . . **12 fr.**

— *Vie de Mahomet.* Trad. de Henri Georges. 1 vol. in-8°. . . . . . . **6 fr.**

— *Vie et Voyages de Christophe Colomb.* Trad. de G. Renson. 3 volumes in-8°. . . . . **18 fr.**

J.-H. Kirk. — *Histoire de Charles le Téméraire, duc de Bourgogne.* Trad. de Ch. Flor O'Squarr. 3 vol. in-8°. . . . . **18 fr.**

C. Merivale. — *Histoire des Romains sous l'Empire.* Trad. de Hennebert. 4 vol. in-8°. . . . . **24 fr.**

J.-L. Mottley. — *Histoire des Provinces-Unies des Pays-Bas,* depuis la mort de Guillaume le Taciturne. Trad. de Rordy. 3 vol. in-8°. . . . . **18 fr.**

Peel (sir Robert). — *Mémoires.* Trad de E. de Laveleye. 2 vol. in-8°. . . **12 fr.**

W.-H. Prescott. — *Histoire du règne de Philippe II.* Trad. de G. Renson et P. lthier. 5 vol. in-8°. **30 fr.**

— *Histoire du règne de Ferdinand et d'Isabelle.* Trad. de G. Renson. 4 vol. in-8°. . . . . **24 fr.**

— *Histoire de la Conquête du Pérou,* précédée d'un Tableau de la Civilisation des Incas. Trad. de H. Poret. 3 vol. in-8°. . . . . **18 fr.**

— *Histoire de la Conquête du Mexique,* avec un Tableau de l'ancienne Civilisation mexicaine. Trad. de A. Pichot. 3 vol. in-8°, ornés de cartes et gravures . . . . **18 fr.**

— *Essais de Biographie et de Critique ; Mélanges historiques et littéraires.* 2 vol. in-8°. . . . . **12 fr.**

Dargaud. — *Histoire d'Olivier Cromwell.* 1 vol. in-8°. . . . . **6 fr.**

— *Histoire d'Elisabeth d'Angleterre.* 1 vol. in-8°. . . . . **6 fr.**

Karcher. — *Etudes sur les institutions politiques et sociales de l'Angleterre.* 1 vol. in-8°. . . . . **6 fr.**

Petrucelli della Gatina. — *Histoire diplomatique des Conclaves.* 4 vol. in-8°. Au lieu de 24 fr. . . . . **12 fr.**